GUIARAMA **COMPACT**

Toledo

ANAYA
TOURING

Autores: **Julio Porres de Mateo** y **Dolores de Paz,** con la colaboración de **Fernando de Giles.** Diez indispensables: **Silvia Roba.** Excursiones por Toledo: **Pascual Izquierdo.** Responsable editorial: **Esther García González.** Edición y actualización: **Isabel Jiménez.** Cartografía: **ANAYA Touring.** Equipo técnico: **David Lozano** y **Susana Folgado.** Producción: **Juan José Rodriguez, Olga Hernando** y **Antonio Mellado.** Diseño de la colección: **marivies**

13ª edición: marzo 2025

© Grupo Anaya, S. A., 2025
  Valentín Beato, 21. 28037, Madrid

Depósito legal: M-25907-2024
ISBN: 978-84-9158-871-9
Impreso en España-Printed in Spain

PAPEL DE FIBRA
CERTIFICADO

Planificación del viaje

En función del tiempo del que se disponga, puede conseguirse el máximo provecho a la estancia siguiendo las sugerencias siguientes:

Una semana. Visite la ciudad de Toledo siguiendo los **itinerarios urbanos** que se proponen en esta guía. Seleccione, entre las 4 **excursiones** propuestas, las que le resulten más interesantes para conocer la provincia de Toledo. Para comer, siga los consejos de las secciones: **Gastronomía y Restaurantes**.

Fin de semana. Si no desea salir de Toledo, recorra la ciudad siguiendo los **itinerarios básico y complementario**. En otro caso, visite los principales monumentos del casco antiguo y seleccione **una excursión** a algún punto de la provincia.

Unas horas. Si está de paso por Toledo y dispone solo de unas horas, visite la ciudad antes de comer o cenar en alguno de los restaurantes indicados entre las páginas 130 y 131.

Clasificación por estrellas

La mayoría de los lugares descritos en el libro se han clasificado por su grado de interés como sigue:

**   Visita obligada
*   Interesante

SÍMBOLOS UTILIZADOS

A lo largo de la guía se han utilizado símbolos sencillos y claros para indicar las siguientes categorías:

🛈   información práctica
⊕   referencia a los planos
✉   dirección o localización
☎   número de teléfono
🏠   página web
⊘   horario
🖥   precio

SIGNOS CONVENCIONALES EN EL PLANO

◼ Edificios de interés turístico   ◼ Vías rápidas

◼ Parques y jardines   ▨ Calles peatonales

ℹ️ Información turística   🅿 Aparcamientos

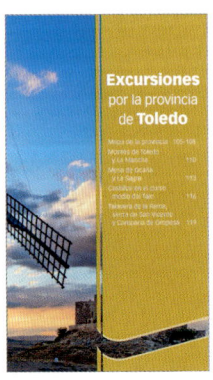

Cómo usar esta guía

Antes del viaje

Se sugiere la lectura del apartado **Diez indispensables** (de la página 7 a la 25), artículos sobre la historia, el arte, la naturaleza, la arquitectura, las fiestas y las gentes de Toledo. Para quienes opinan que la **gastronomía** es uno de los atractivos del viaje, la sección del mismo nombre (de la página 126 a la 129) ofrece una visión bastante completa de aquellas especialidades que pueden despertar la curiosidad del viajero.

Durante el viaje

En el apartado titulado **Visita a Toledo** (de la página 27 a la 101) se describe la localidad a través de diversos itinerarios, proporcionando una información detallada de los lugares de mayor interés. El **plano** que aparece en las páginas 30-31 será de gran utilidad para realizar los desplazamientos por la ciudad.

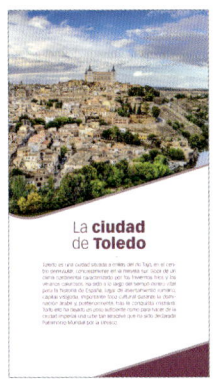

La **ciudad** de **Toledo**

Excursiones por la provincia

Bajo el epígrafe **Excursiones por Toledo** (de la página 103 a la 123) se ofrecen **4 excursiones** de un día, que son otras tantas alternativas para visitar aquellas zonas de la provincia de Toledo que tienen un singular valor histórico, paisajístico o monumental. Entre las páginas 105 y 108 encontrará un **mapa de carreteras** de la provincia.

La hora de comer (y cenar)

Dentro del capítulo titulado **Dónde** (de la página 125 a la 142) se incluye una amplia selección de **restaurantes** y **alojamientos** por localidades, calidades y precios. En esta misma sección se facilita también información sobre un buen número de **actividades** con las que ocupar el tiempo libre que van desde las fiestas de las principales localidades, a otras como alojamientos, compras...

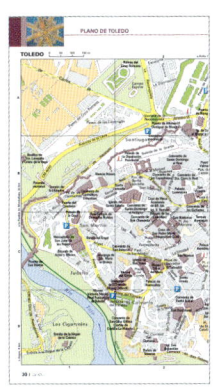

Use los índices

Finalmente se ha elaborado un **índice de lugares** de interés que permite localizar con facilidad las páginas en las que hay alguna información de utilidad.

Contenido

Lugares
inolvidables

10

La judería.
El corazón de Toledo

Hasta 1492, cuando los Reyes Católicos expulsaron a los judíos de la península Ibérica, Toledo fue el gran centro espiritual y administrativo del judaísmo occidental. Por aquel entonces existían diez sinagogas y, al menos, cinco casas de oración y estudios. Filósofos, científicos, escritores, recaudadores... todos los que pisaban sus calles se convertían en figuras importantes con su particular peso específico ante las monarquías visigodas. El poder de la comunidad hebrea era grande y la importancia de Toledo, una buena muestra de ello.

De aquella época de esplendor son muchos los edificios y vestigios que podemos encontrar casi a cada paso. Santa María la Blanca, por ejemplo, fue declarada Monumento Nacional en el siglo XIX. Es la Sinagoga Mayor, con diseño mudéjar de influencias almohades. Al contemplar su inmenso bosque de columnas resulta fácil viajar con la imaginación al de la Mezquita de Córdoba. Su interior, magníficamente iluminado, se vertebra en cinco naves separadas por arcos de herradura sobre pilares octogonales que se rematan con capiteles de estuco labrados con volutas, cintas y piñas. Este último es un elemento decorativo de tradición oriental.

El otro gran edificio que se conserva más allá del angosto entramado de calles de la judería toledana es la Sinagoga del Tránsito, también llamada de Samuel Ha-Leví Abulafia, tesorero real de Pedro I de Castilla, que mandó levantarla en el año 1356, cuando ya había sido prohibida la construcción de nuevos templos, convirtiéndola en una de las más importantes de la decena con que llegó a contar la aljama toledana. Desde 1964 acoge las dependencias del Museo Sefardí, destacando la rica yesería de su parte superior con inscripciones en hebreo y árabe además del bello artesonado de madera.

Toledo pertenece a la Red de Juderías de España y acoge cada año en septiembre actividades durante la Jornada Europea de la Cultura Judía. En el Festival Internacional de Música de Toledo, que se celebra en mayo y junio, el Museo Sefardí se convierte, junto a otros centros, como el Museo de Santa Cruz, en un lugar de cita indispensable para melómanos y aficionados a la música, tanto clásica como contemporánea.

Info

**Museo Sefardí
(Sinagoga del Tránsito)**
✉ Samuel Leví, s/n.
☎ 925 223 665.
🌐 www.cultura.gob.es/
msefardi/home.html
🕐 De martes a sábado de
9.30 h a 20 h. Domingo y
festivos de 10 h a 15 h.
Cierra los lunes.
🎟 3 € (sábado a partir de las
14 h y domingo, gratis).

Info

**Sinagoga de Santa María
la Blanca**
✉ Reyes Católicos, 4.
☎ 925 227 257.
🌐 https://toledomonumental.
com/sinagoga-de-santa-
maria-la-blanca/
🌐 https://turismo.toledo.es/
🕐 Abierto de lunes a domingo.
Del 1 de marzo al 15 de
octubre, de 10 h a 18.30 h.
Del 16 de octubre al 28 de
febrero, de 10 h a 17.45 h.
🎟 4 €.

▶ Sinagoga de Santa María
la Blanca.

El Greco y otros maestros. La ciudad-museo

2

Muchos de los visitantes que llegan a Toledo por vez primera lo hacen con la idea de contemplar una de las obras pictóricas cumbre de finales del siglo XVI, *El entierro del señor de Orgaz,* realizada por Doménikos Theotokópoulos, el Greco, que se expone en la iglesia de Santo Tomé, en plena judería.

E l cuadro en cuestión fue pintado por el artista en 1586 y pasa por ser el más grande del siglo XVI español. Sus medidas así lo confirman: 4,80 m x 3,60 m aproximadamente. En él, el Greco recoge la tradición según la cual al morir en 1312 don Gonzalo Ruiz de Toledo, señor de Orgaz, aparecieron ante su cuerpo San Esteban y San Agustín para proceder a enterrarlo en su misma iglesia. El cuadro se divide en dos partes claramente diferenciadas: una terrenal –la inferior, con personajes reales, entre ellos el propio Greco y su hijo– y otra celestial, en la parte de arriba.

Aunque de visita ineludible, no es esta la única obra de arte que se puede admirar en la ciudad. Toledo es en sí misma una gran pinacoteca. La colección de pinturas que alberga la sacristía de la catedral incluye obras del propio pintor cretense, tales como *El expolio* y *Las lágrimas de San Pedro,* pero también cuadros de Goya, Rubens, Van Dyck... El Hospital de Tavera (sede del Museo Fundación Du-

Info

Iglesia de Santo Tomé
✉ Plaza del Conde, 4.
☎ 925 256 098.
🌐 https://santotome.org
🕐 De lunes a domingo de 10 h a 18.30 h.
🎫 4 €.

▼ Inconfundibles son las manos que pintaba el Greco. Detalles de sus obras: el *Expolio de Cristo* y *San Francisco.*

que de Lerma), junto a la Puerta de Bisagra, guarda otros lienzos del Greco, como *El bautismo de Cristo* o *La Sagrada Familia,* y obras más que interesantes de Sánchez Coello, Zurbarán, Caravaggio y Tintoretto. Sin duda, el cuadro más impactante de este museo es *La mujer barbuda,* de José de Ribera, en el que aparece la imagen de una mujer, con una gran barba, amamantando a un niño.

Junto a la casa-museo del pintor y escultor Victorio Macho, el interesante Museo del Ejército, abierto en el Alcázar de Toledo, y la renovada colección permanente del Museo de Santa Cruz, completan este itinerario artístico por la ciudad.

▼ En la iglesia de Santo Tomé se encuentra el famoso *Entierro del señor de Orgaz,* obra maestra del Greco.

El Alcázar

3

De entre todos los edificios que componen el perfil de Toledo, uno solo destaca sobre los demás, con permiso de la imponente catedral: el Alcázar. Es, sin duda, el edificio emblema de la ciudad que ha ido creciendo y cambiando de forma similar al del trazado de la propia urbe.

Situado en lo alto de un promontorio, fue concebido por los musulmanes en el siglo X como fortaleza para proteger su alcazaba toledana, aunque con el paso del tiempo haya tenido muchas otras funciones. Así, fue residencia real con Carlos V y prisión de estado a partir de 1643. Carlos III se la cedió al cardenal Lorenzana y tras la reforma llevada a cabo por el arquitecto Ventura Rodríguez pasó a ser la Real Casa de la Caridad. En 1936, cuando era utilizado como Academia de Infantería, sufrió un duro asedio al refugiarse en él los militares rebeldes contra el gobierno de la República.

Los sucesivos y continuos trabajos de remodelación del edificio han alterado de forma considerable el primitivo aspecto del Alcázar, algo fácil de suponer al detenerse ante sus fachadas, cada una de ellas

Info

Museo del Ejército
- ✉ De la Paz, s/n.
- ☎ 925 238 893.
- 🖥 https://ejercito.defensa.gob.es/museo
- 🕐 De martes a domingo, de 10 h a 17 h. Cierra los lunes.
- 🎫 5 €.

Info

Biblioteca de Castilla La Mancha
- ✉ Cuesta de Carlos V, s/n.
- ☎ 925 256 680.
- 🖥 https://bibliocm.castillalamancha.es
- 🕐 De lunes a viernes de 8.30 h a 21 h. Sábado de 9 h a 14 h (durante los meses de verano cierra los sábados).
- 🎫 Entrada gratuita.

▶ Patio del Alcázar de Toledo.

de un estilo arquitectónico distinto. Los únicos restos que se conservan del viejo castillo medieval se encuentran en el lienzo oriental.

El gran patio renacentista y la escalera imperial constituyen piezas sobresalientes del interior. El patio, trazado por Covarrubias y construido por Francisco de Villalpando, sin duda uno de los más hermosos que ha deparado el renacimiento toledano, es una sucesión de columnas y arcos de medio punto ordenados alrededor de la estatua de Carlos V. Doble galería y escudos imperiales en las enjutas de los arcos, solo dibujados en la planta inferior, completan el armonioso conjunto.

En la actualidad, el Alcázar alberga el Museo del Ejército y la Biblioteca de Castilla-La Mancha, que se sitúa en la última planta. El gobierno autonómico dedicó cuantiosas inversiones a recuperar las antiguas estancias para convertirlas en centro cultural de primer orden. Objetivo logrado, ya que cuenta con una de las colecciones de libros más importantes de España, la Borbón-Lorenzana, con valiosos manuscritos e incunables. Una interesante programación de exposiciones, conferencias y presentaciones de libros completa la actividad de este centro.

Por la senda del Tajo. De puente a puente

4

El río Tajo, el más largo de la península Ibérica con 1.120 km de recorrido, es parte esencial de la capital imperial: los primitivos pobladores del enclave lo eligieron precisamente por su inaccesibilidad y fácil defensa: a día de hoy el casco histórico se rodea de monumentales puentes como los de Alcántara y San Martín y, desde la ermita de la Virgen del Valle se obtienen las mejores panorámicas y selfis de Toledo.

Son muchos los puntos desde los que es posible obtener una buena panorámica de sus aguas con los principales monumentos de fondo, pero ninguna es comparable a la que se consigue desde la ermita del Valle, a la que se accede por la carretera de circunvalación. Al otro lado del río también se abre un espacio único.

Entre el puente romano de Alcántara y Toborno han sido rehabilitados una serie de caminos a través de los cuales los toledanos vuelven a tener la posibilidad de mirar cara a cara a su Tajo. Desde ellos se consigue una vista diferente de la ciudad, junto a los paredones de antiguos molinos y presas, entre el acueducto romano y el Artificio de Juanelo.

La *senda del Tajo* prosigue en el puente de San Martín y, desde allí, por los baños de La Cava, donde surge otro paseo hasta Toborno, que bordea la antigua Fábrica de Armas fundada por Carlos III y que hoy acoge la Universidad. En total son unos 15 km de senda ecológica que bordea el Tajo, lo que permite acercar el río a la ciudad y tomar contacto con su naturaleza más cercana.

▼ Puente de Alcántara y el Alcázar en lo alto del promontorio.

La gran fiesta del Corpus

5

Declarada de Interés Turístico Internacional, es la celebración más importante de cuantas se celebran en Toledo. Y son tantas las ansias que los toledanos sienten por la llegada del día más esperado del calendario, que emplean varias semanas en decorar la ciudad.

En la celebración del Corpus, en pleno mes de junio, nada queda al azar. Los preparativos comienzan con suficiente antelación: se necesita mucho tiempo y trabajo para cubrir las calles con toldos, colocados como si fueran un largo palio para, llegado el esperado momento de la procesión, cobijar la eucaristía que porta la custodia. Durante esas semanas previas, adornos, farolillos, escudos y guirnaldas inundan cada rincón. Hay ambiente festivo y eso se nota, sobre todo, en la catedral primada, que también viste sus mejores galas, ricos tapices de los siglos XVI y XVII que la recubren para fecha tan señalada.

Durante la víspera, toledanos y curiosos deben cumplir con la tradición y recorrer las calles por las que, al día siguiente, pasará la comitiva. Para animar el paseo hay siempre cohetes y un cortejo de gigantes y cabezudos que ya desde el siglo XVIII tenían su protagonismo en las fiestas de la ciudad: la Tarasca y los gigantones. Entonces, su morada no era otra que el claustro de la catedral y representaban las cuatro partes del mundo conocidas. Con el paso del tiempo, se irían añadiendo a estos personajes otros

▼ La fiesta del Corpus es la más esperada por los toledanos.

más populares, como los que emulan a los Reyes Católicos o al Cid Campeador. Tras ellos siempre camina la gran Tarasca con cabeza de dragón que echa humo por la boca. Las orquestas municipales animan el espectáculo mientras los participantes siguen a la comitiva y, de paso, aprovechan para ver algunos de los patios perfectamente decorados que salpican tan peculiar itinerario nocturno. Ahí están los de las calles de la Sillería, Alfileritos, San Vicente...

Por la mañana, mientras la gente aún aprovecha para descansar, las calles se cubren de arena mojada, tomillo y romero. Y el cielo, del estruendoso sonido de los cohetes. La procesión sale de la catedral para adentrarse en el casco antiguo desde la Plaza Mayor a Zocodover, donde se realiza una primera homilía, para seguir, después, por la Universidad, la iglesia de San Ildefonso, la de Santo Tomé, el Palacio Arzobispal, el Ayuntamiento y, de nuevo, la catedral. Todo el recorrido aparece claramente delimitado, a ambos lados de la calle, por sillas que quien desee usar debe pagar por adelantado. Los vecinos de las casas cercanas pueden utilizar sus propias sillas, que atan a las ventanas o incluso a las señales de tráfico para que nadie se las pueda quitar. La comitiva procesional tiene su propio protocolo: primero las hermandades más modernas; detrás las más antiguas. Todos dispuestos en dos filas paralelas vigilando la custodia, auténtica joya del tesoro catedralicio, de cuerpo gótico, estructura hexagonal y recubierta de plata y oro. A su paso, bajo los toldos de los balcones, cientos de pétalos de flores caen sobre ella.

▲ Calles engalanadas y muchos visitantes en ese día de fiesta de la ciudad.

Artesanía tradicional. Espadas y damasquinados

6

Resulta difícil señalar una fecha exacta, el momento preciso en que los artesanos de Toledo comenzaron a afilar espadas y hacer empuñaduras. Lo que sí se sabe es que fue entre los siglos xv y xvii cuando tomó fuerza el gremio de espaderos. Se dice que "las espadas de Toledo son las mejores del mundo"; esta afirmación, sólida y rotunda, no es ninguna estudiada frase publicitaria, sino el resultado siempre imprevisible del devenir de la historia.

▼ Adquirir obras de artesanía toledana, como espadas y damasquinados, es una forma tradicional de certificar el paso por la ciudad.

Ocurre en casi todas las ciudades del mundo con un casco antiguo pintoresco. No hay que echarle la culpa siempre al turista para aceptar que el centro histórico de Toledo ha sido invadido, desde hace tiempo ya, por una cantidad ingente de tiendas de *souvenirs*. No obstante, la diferencia con otras urbes que sufren idéntico problema es notable: afortunadamente aquí muchos de esos establecimientos viven de la venta de productos artesanos que tienen su propio peso en la historia. Puede que comprarse una reproducción de la Tizona del Cid Campeador o de la Excalibur del rey Arturo no sea más que una horterada, pero pone de manifiesto la importancia que tuvo la fabricación de espadas en estas tierras.

De los pequeños talleres diseminados por el casco antiguo de Toledo no solo salen espadas, también bellísimas piezas realizadas con una técnica, el damasquinado, que se lleva transmitiendo de generación en generación desde la Edad Media. A pesar de esta antigüedad reconocida son muchos los que piensan que el origen de esta concienzuda labor artesana es mucho más lejano y que quizás proceda incluso del antiguo Egipto. En cualquier caso, hasta los confines peninsulares llegó de la mano de los árabes (la palabra *damasquinado* proviene de Damasco, capital de Siria). También conocido como *ataujía,* el proceso consiste en ir incrustando metales finos (casi siempre oro y plata) sobre hierro o acero, después de realizar una serie de surcos con una cuchilla para que se puedan fijar bien. La técnica es complicada, pero los resultados bien merecen la pena. Collares, platos, vasijas, cuadros... no hay nada que se resista a las curtidas manos de los artesanos que se esfuerzan por mantener vivas las tradiciones manufactureras más arraigadas de Toledo.

Arquitectura popular toledana

La arquitectura de una ciudad suele ser una de las claves más definitorias de su espíritu y Toledo no escapa a la norma.

Mucho se ha escrito de la casa toledana refiriéndose por tal a la típica casa con patio central que tiene su origen en la vivienda romana y mediterránea provista de *impluvium*. Sin embargo Toledo, en el curso de los siglos, ha dejado un muestrario suficiente para conocer la vivienda del toledano de toda clase social y que es hoy día el que habita el llamado *casco histórico*.

Aún queda en la ciudad un buen número de casas de las que Hurtado de Toledo decía que están fundadas sobre las cepas de las antiguas árabes, hebreas, godas e incluso romanas. Son estas las más toledanas, con un patio central cuyo tamaño depende de la importancia social de sus propietarios, con espacios

7

Info

Asociación de Amigos de los Patios de Toledo
📷 www.patiosdetoledo.org

▼ El patio central de la casa del Toledo antiguo es un lugar especial con sus plantas, pozos o fuentes.

▲ Viviendas tradicionales en el casco antiguo de Toledo.

para caballerizas, cuevas o sótanos, y con dos o tres pisos de altura. Algunas veces, estas mansiones fueron convertidas en una especie de corralas al dividir las estancias en viviendas para varias familias.

En las partes bajas de la ciudad de Toledo, Covachuelas, Bajada del Barco y la zona que da al valle y los Cigarrales, existe otro tipo de casa tradicional más humilde, de las que ya el Greco daba ejemplo en su famoso cuadro *Vista y plano de Toledo*. Son viviendas terreras de una sola planta, alargadas y sin patio, pero frecuentemente con corral trasero, y en algunas ocasiones con azotea. De las primeras descritas hay magníficos ejemplos que el visitante, con un poco de interés, puede admirar, si lo solicita a los propietarios: la antigua casa de los condes de Cedillo, en la plazuela de San Andrés, la casa de Mesa, actualmente sede de la Real Academia de Bellas Artes de Toledo y el palacio de Fuensalida, en la plaza del Conde. Muchas de estas casas han sido restauradas, como la del escultor toledano Félix Villamor, en la calle de las Bulas, donde hay varios y magníficos ejemplos de este tipo de vivienda entre las que destaca la fachada de la Casa de las Cadenas.

No hay que olvidar los cigarrales (casas de campo con jardín, tierra de labor y monte bajo) que rodean la ciudad al otro lado del Tajo y que tradicionalmente han sido usadas como residencias veraniegas y que en la actualidad, no solamente son ocupados por los lugareños sino por hoteles y restaurantes exclusivos. Son destacables los cigarrales de Marañón, tal vez uno de los más famosos y característicos, y el de Santa Elena, cigarrales que fueron cantados por Tirso de Molina en su obra.

Dulces de siempre.
El mazapán

Azúcar y almendra. Estos son los ingredientes básicos empleados en la producción de uno de los dulces más típicos de Toledo en particular y de España en general. Existe una Indicación Geográfica Protegida "Mazapán de Toledo" y unos cuarentas obradores artesanos de este manjar, cuyo consumo se dispara durante las fiestas de Navidad, con permiso del turrón. Además del sabor y textura, algo básico los separa: la estética. Las figuras de mazapán pueden resultar auténticas obras de arte.

El origen de este dulce se sitúa, por extraño que resulte, en la lejana China, desde donde pasó a Oriente Medio y de ahí, en las alforjas de peregrinos y cruzados, dio el salto a la Europa central. Sin embargo, parece que el mazapán español poco tiene que ver con el alemán, por poner un ejemplo. Es más bien fruto de la evolución de unos dulces que consumían los árabes durante sus fiestas, posiblemente con forma de rey sentado. De ahí el nombre: *mautha ban,* del que deriva nuestro término actual. Aún hay una tercera versión: los que sostienen que la palabra *mazapán* proviene de la expresión veneciana *marcipane,* utilizada en la ciudad de los canales para referirse a un dulce típico italiano, el pan de San Marcos, elaborado también con almendras y azúcar. En cualquier caso, sea cual sea su verdadero origen, parece bastante probado que las primeras en elaborar mazapán en Toledo fueron las monjas del convento de San Clemente, cuando la ciudad estaba sitiada por los árabes. Su elaboración no requería de grandes misterios ni de muchos ingredientes, algo importante dada la escasez de alimentos. Las ingeniosas monjas se limitaban a golpear con un almirez la pasta que conseguían a base de mezclar azúcar y almendra. Y de ahí puede que venga el nombre: "pan de maza".

Pese a que la boyante industria del mazapán toledano produce y vende sobre todo durante el periodo que va de la celebración de la Virgen del Pilar, el 12 de octubre, hasta el mismo día de Navidad, lo cierto es que los visitantes que llegan a Toledo el resto del año pueden degustar su dulzura en numerosos establecimientos diseminados por el casco histórico.

▲ La Casa del Mazapán, uno
▼ de los establecimientos especializados en este dulce toledano por excelencia.

Talavera de la Reina

9

A algo más de 70 kilómetros de Toledo, Talavera de la Reina es otra localidad que desprende arte por los cuatro costados.

Su casco antiguo bien merece una visita por el valor de algunos edificios y otros puntos de interés que atesora. Su puente –construido hace cinco siglos–, los restos de su muralla, su Colegiata –impresionante iglesia gótico-mudéjar con un gran rosetón–, etc. Solo habiendo saboreado despacio la verdadera esencia de esta ciudad, el visitante puede permitirse avanzar hasta el extremo oeste de Talavera, donde se suceden, uno tras otro, los talleres de alfarería de los que sale esa tradicional cerámica de color azul y amarillo.

Resulta difícil señalar en qué momento empezó la ciudad a despuntar por su cerámica, aunque se sabe que ya en el siglo XVI, el gremio de los alfareros, influenciado por las modas que llegaban de Italia vía Sevilla, comenzó a gestar un estilo propio. Para formar parte del gremio era imprescindible, según relatan antiguas ordenanzas, ser cristiano viejo y de reconocido linaje. Por tanto, los moriscos y sus descendientes quedaban fuera e imposibilitados para ejercer siquiera de aprendices.

Entre los siglos XVII y XVIII alcanzó su mayor apogeo, siendo habituales los objetos decorados con motivos de caza y paisajes en los que siempre figuran dos árboles con el tronco retorcido. Temas recurrentes que aún hoy sirven de inspiración a los artesanos.

Un lugar de visita imprescindible es el Museo de Cerámica. Sus fondos están compuestos básicamente por la colección que fue reuniendo Juan Ruiz de Luna (1863-1945), el gran renovador de la cerámica talaverana del siglo XX, y muestra la evolución artística de los alfares de Talavera y El Puente del Arzobispo.

Info

Museo de Cerámica Ruiz de Luna
✉ Plaza de San Agustín, s/n.
☎ 925 800 149.
🌐 https://ruizdeluna.com
🕐 Del 16 de septiembre al 15 de junio, de martes a sábado de 10 h a 14 h y de 16 h a 18 h; domingo de 9.30 h a 14.30 h.
Del 16 de junio al 15 de septiembre, de martes a viernes y festivos de 8.30 h a 15 h; sábado de 10 h a 14 h y de 16 h a 18 h; domingo de 9.30 h a 14.30 h. Lunes, cerrado.

◄ Vista panorámica de Talavera, que se extiende por la margen oriental del río Tajo.

El Toboso.
En la ruta del Quijote

Info

Museo Casa de Dulcinea
- ✉ Don Quijote, 1.
- ☎ 925 197 288.
- 🌐 https://eltoboso.es
- 🕐 De martes a sábado, de 10 h a 14 h y de 16 h a 18.30 h. Domingo, de 10 h a 14 h. Lunes, cerrado.

▼ Casa-museo de Dulcinea en El Toboso.

«Y así, bástame a mí pensar y creer que la buena de Aldonza Lorenzo es hermosa y honesta, y en lo del linaje, importa poco; que no han de ir a hacer la información dél para darle algún hábito, y yo me hago cuenta que es la más alta princesa del mundo. Porque has de saber, Sancho, si no lo sabes, que dos cosas solas incitan a amar más que otras; que son la mucha hermosura y la buena fama, y estas dos cosas se hallan consumadamente en Dulcinea, porque en ser hermosa, ninguna la iguala; y en la buena fama, pocas la llegan»

Don Quijote de la Mancha
Primera parte, capítulo XXV.
MIGUEL DE CERVANTES

Con estas palabras, el hidalgo de la triste figura, don Alonso Quijano, explica a su fiel escudero, Sancho Panza, el porqué de su amor hacia Aldonza

Lorenzo, Dulcinea, natural de El Toboso. La visita a esta localidad manchega cien por cien, es inevitable.

El Toboso es un pueblo singular, de origen ibérico y cierta importancia estratégica durante las épocas de las órdenes militares (perteneció a la de Santiago). Aunque tiene otros dos edificios catalogados como Monumentos Históricos –el convento de las Trinitarias Recoletas y el convento de las Franciscanas– es el tercero el que más atención concita: la Museo Casa de Dulcinea, caserón construido en el siglo XVI que alberga un conjunto de piezas etnológicas y objetos de uso cotidiano que permiten descubrir cómo se desarrollaba la vida cotidiana en los tiempos del hidalgo Quijano.

También es relevante el Museo Cervantino, que contiene una colección de ediciones del *Quijote* escritas en casi todos los idiomas.

Cierran el catálogo de propuestas el Museo del Humor Gráfico Dulcinea, con una serie de dibujos realizada por humoristas famosos sobre la persona que gobernó los sueños del caballero de la triste figura, y el Museo Trinitario, que reúne cuadros, esculturas y vestimentas de arte sacro.

Info

Museo Cervantino
- ✉ El Toboso.
  Daoiz y Velarde, 3.
- ☎ 925 568 226.
- 🖰 https://eltoboso.es
- 🕐 De martes a sábado, de 10 h a 14 h y de 16 h a 18.30 h. Domingo, de 10 h a 14 h. Lunes, cerrado.

Museo de Humor Gráfico «Dulcinea»
- ✉ El Toboso.
  Doña Tolosa, 2.
- ☎ 925 568 226.
- 🖰 https://eltoboso.es
- 🕐 De martes a sábado, de 10 h a 14 h y de 16 h a 18.30 h. Domingo, de 10 h a 14 h. Lunes, cerrado.

Museo Trinitario
- ✉ El Toboso.
  Padre Juan Gil, 2.
- ☎ 925 197 193.
- 🖰 https://eltoboso.es
- 🕐 De lunes a domingo de 10.30 h a 12 h y de 16.30 h a 18.30 h.

◀ Azulejos de Talavera con escenas de *El Quijote*.

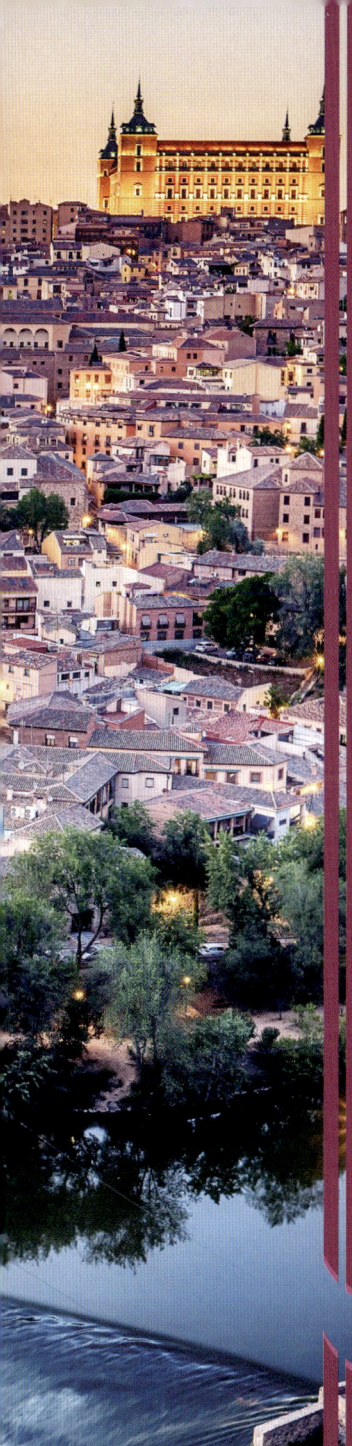

La
visita

La **ciudad**
de **Toledo**

Toledo es una ciudad situada a orillas del río Tajo, en el centro peninsular, concretamente en la meseta sur. Goza de un clima continental caracterizado por los inviernos fríos y los veranos calurosos. Ha sido a lo largo del tiempo centro vital para la historia de España, lugar de asentamiento romano, capital visigoda, importante foco cultural durante la dominación árabe y, posteriormente, tras la conquista cristiana. Todo ello ha dejado un poso suficiente como para hacer de la ciudad imperial una urbe tan atractiva que ha sido declarada Patrimonio Mundial por la Unesco.

▮ Planificación de la visita

Se ofrecen a continuación **cinco itinerarios** diferentes para visitar la ciudad. El primero de ellos va dirigido a aquellos que desean conocer los lugares más notables y recoger una impresión, aunque rápida, lo más básica posible de la ciudad. Esta es la razón por la que lleva el título de **Itinerario básico.**

El segundo itinerario, denominado **Itinerario complementario,** va destinado a quienes desean un recorrido más exhaustivo por las callejuelas del casco histórico.

El tercer itinerario, con el nombre de **Murallas, puertas y puentes,** tiene como finalidad visitar algo tan significativo de Toledo como indica el propio epígrafe.

La cuarta sugerencia es un itinerario llamado **Zona sur,** que contempla la visita de edificios tan insignes como las iglesias de San Justo o de San Andrés.

La última propuesta es la denominada **Toledo extramuros** y transcurre fuera del recinto amurallado de la capital.

Para facilitar la visita se dispone de un **plano** de la ciudad en las páginas 30-31.

El símbolo ⊙ remite a la localización en el plano. Las estrellas (∗ o ∗∗) hacen referencia a su importancia o su especial interés.

◀ Vista de la ciudad de Toledo (pág. 28).
◀ Torre de la catedral.

TOLEDO

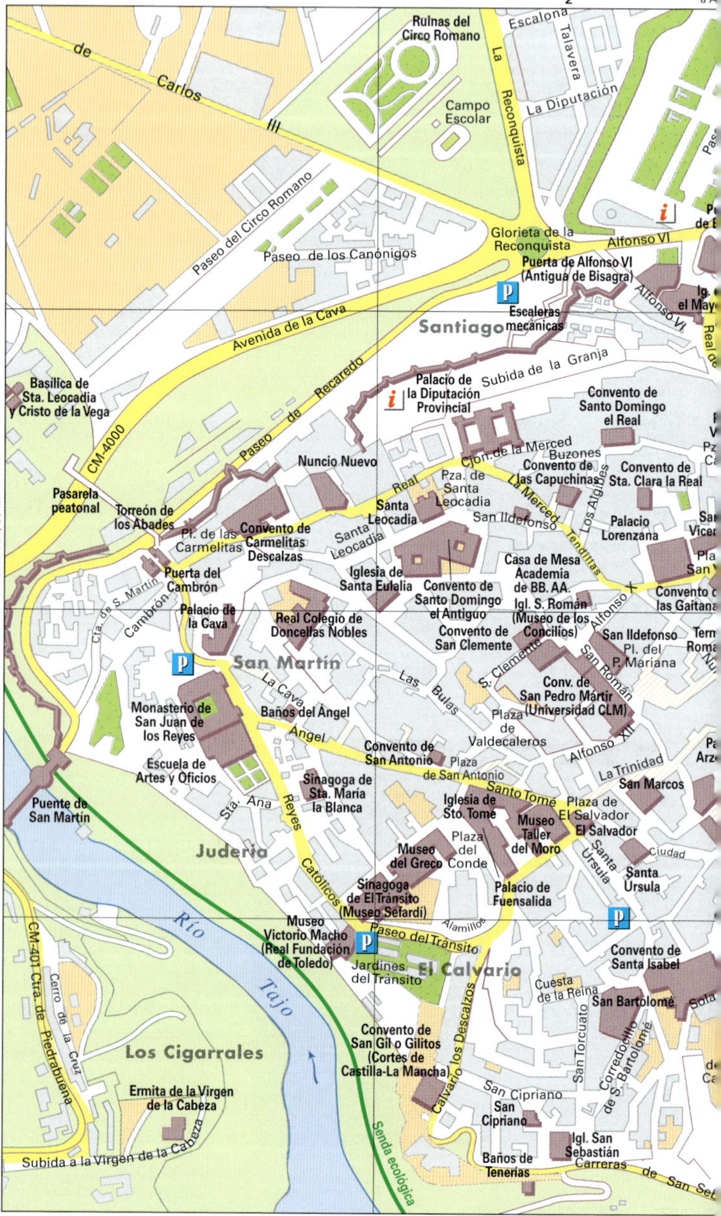

0   50   100   150 m

a A...

Ruinas del
Circo Romano

de Carlos III

Escalona
Talavera

La Diputación

Campo
Escolar

Paseo del Circo Romano

Paseo de los Canónigos

A

Glorieta de la
Reconquista

Alfonso VI

Puerta de Alfonso VI
(Antigua de Bisagra)

Escaleras
mecánicas

Santiago

Ig...
el May...

Alfonso VI

Avenida de la Cava

Basílica de
Sta. Leocadia
y Cristo de la Vega

CM-4000

Paseo de Recaredo

Palacio de
la Diputación
Provincial

Subida de la Granja

Convento de
Santo Domingo
el Real

Pz...

B

Pasarela
peatonal

Torreón de
los Abades

Pl. de S. Martín

Pl. de los
Carmelitas

Convento de
Carmelitas
Descalzas

Puerta del
Cambrón

Cambrón

Palacio de
la Cava

Real Colegio de
Doncellas Nobles

Nuncio Nuevo

Santa
Leocadia

Santa
Leocadia

Cjón. de la Merced

Pza. de
Santa
Leocadia

Buzones

Convento de
las Capuchinas

San Ildefonso

Iglesia de
Santa Eulalia

Convento de
Santo Domingo
el Antiguo

Convento de
San Clemente

Casa de Mesa
Academia
de BB. AA.

Igl. S. Román
(Museo de los
Concilios)

San Ildefonso

Convento de
Sta. Clara la Real

Palacio
Lorenzana

Convento de
las Gaitan...

Tem...
Rom...

Pl. del
P. Mariana

San
Vicen...

Pla...

C

Puente de
San Martín

Monasterio de
San Juan de
los Reyes

Escuela de
Artes y Oficios

San Martín

La Cava

Baños del Ángel

Ángel

Sta. Ana

Reyes

Las Bulas

Convento de
San Antonio

Sinagoga de
Sta. María
la Blanca

Convento de
San Antonio

Iglesia de
Sto. Tomé

Santo Tomé

Plaza
del
Conde

Museo
Taller
del Moro

S. Clemente

San Román

Conv. de
San Pedro Mártir
(Universidad CLM)

Plaza
de
Valdecaleros

Alfonso X

Plaza de
San Antonio

Plaza de
El Salvador

El Salvador

La Trinidad

San Marcos

Santa
Úrsula

Pa...
Arz...

Ciudad

Santa
Úrsula

Juderia

Museo
del Greco

Catolicos

Sinagoga
de El Tránsito
(Museo Sefardí)

Palacio de
Fuensalida

Alamilla

Río Tajo

CM-401 Ctra. de Piedrabuena

Cerro de la Cruz

Museo
Victorio Macho
(Real Fundación
de Toledo)

Paseo del Tránsito

Jardines
del Tránsito

El Calvario

Cuesta
de la Reina

Convento de
Santa Isabel

San Bartolomé

Sota...

Corredera de S. Bartolomé

D

Los Cigarrales

Ermita de la Virgen
de la Cabeza

Convento de
San Gil o Gilitos
(Cortes de
Castilla-La Mancha)

Calvario de los Descalzos

San Cipriano

San
Cipriano

San Torcuato

Baños de
Tenerías

Igl. San
Sebastián
Carreras

de San Seb...

Senda ecológica

Subida a la Virgen de la Cabeza

a la Puebla de Montalbán, 33 km

a Arges, 6 km

1

2

● ● ● ● ● ● ●

⊙ A2
**Iglesia de Santiago
el Mayor o del Arrabal**
✉ Plaza de Santiago
del Arrabal, 4.
☎ 925 220 636.
🖥 https://santiagoelmayor.org

▼ Campanario y ábside
de la iglesia de Santiago
el Mayor.

ITINERARIO BÁSICO

❙ IGLESIA DE SANTIAGO EL MAYOR O DEL ARRABAL ✳

A un paso de las puertas de Bisagra y de Alfonso VI se levanta la mayor y más atractiva iglesia mudéjar de las muchas conservadas en Toledo. Se desconoce tanto la fecha de su construcción como el autor, barajándose tres hipótesis para explicar estos datos. Una de ellas adjudica su construcción en el siglo XI al rey Alfonso VI, para cubrir la necesidad de un templo en el creciente barrio del arrabal; otra la achaca al rey portugués Sancho Capelo a principios del XIII, y la tercera a los hermanos Diosdado, comendadores de la Orden de Santiago a mediados del mismo siglo. Aceptadas estas dos últimas fechas por sus características artísticas, habría que sumar una cuarta y probablemente la más sólida teoría que uniría todas las piezas. Según ella Alfonso VI construiría una pequeña iglesia o consagraría una antigua mezquita (la torre exenta recuerda un alminar musulmán), que fue sustituida por otro templo a principios del siglo XIII que sería financiado por Sancho Capelo y la orden santiaguista conjuntamente.

La iglesia es de tres naves cerradas con ábsides semicirculares, recorridos por arquerías de ladrillo. De sus tres **portadas,** decoradas con arcos entrelazados, destaca como principal la situada a los pies de la iglesia, con airoso arco de herradura enmarcado por un alfiz. Sus tres naves interiores se cubren con artesonados de madera de par y nudillo; el central, de tres paños, se adorna con inscripciones cúficas, cruces y rosetas. El crucero se cierra con bóvedas de ladrillo. En la cabecera se repiten los mismos arcos decorativos que en el exterior, quedando cubiertos en la nave central por un buen **retablo** plateresco tallado por Juan de Tovar y dorado y estofado por Francisco de Espinosa.

Desde la iglesia de Santiago se sube por la calle Real del Arrabal en dirección al centro de la ciudad. Antes de llegar a la Cuesta de las Armas se encuentra, a la derecha, la **Puerta del Sol,** e inmediatamente después de esta, la calle Núñez de Arce por la que se puede hacer un pequeño desvío para visitar la **capilla de San José,** obra renacentista de propiedad particular que alberga en su interior una colección de cuadros de El Greco. Las visitas, bajo reserva, se gestionan desde el Centro de Gestión de Recursos Culturales.

Frente a la capilla está la antigua **Casa de la Moneda,** que durante algunos años fue sede de la toledana Fábrica de Armas Santa Bárbara; merece la pena entrar para ver un buen cuidado **patio** gótico, construido en la época de los Reyes Católicos.

Al final de la calle, junto a la **iglesia de San Nicolás,** comienza la calle de Alfileritos, nombre que tiene su origen en una curiosa tradición: una imagen de la Virgen, situada en una hornacina protegida con rejas, tiene fama de procurar novio a aquellas muchachas que, con una oración, le hiciesen la ofrenda de algunos alfileres.

Frente al nicho de la imagen nace la calle donde se encuentra la **mezquita del Cristo de la Luz,** joya arquitectónica del Toledo musulmán. Junto a ella se puede contemplar la puerta de Valmardón, que se comenta en el recorrido de puertas y murallas.

Regresando a la Cuesta de las Armas, se encuentra a la izquierda el paseo del Miradero, uno de los escasos lugares de expansión de los toledanos, con magníficas vistas sobre la vega del Tajo.

• • • • • • • • •

🅾 B2
Consorcio de Toledo Centro de Gestión de Recursos Culturales
✉ Termas romanas. Plaza Amador de los Ríos, 3.
📞 925 253 080.
🌐 https://consorciotoledo.com
🕐 De martes a sábado de 10 h a 14 h y de 16 h a 20 h.

• • • • • • • • •

🅾 B3
Puerta del Sol Capilla de San José Mezquita del Cristo de la Luz

▼ Mezquita del Cristo de la Luz.

● ● ● ● ● ● ● ●
🕐 B3
"El Greco", Palacio
de Congresos de Toledo

● ● ● ● ● ● ● ●
🕐 B3
Convento de Santa Fe

En el paseo del Miradero se levanta **"El Greco",
Palacio de Congresos de Toledo,** gran centro de
servicios culturales diseñado por el arquitecto Antonio Moneo e inaugurado en 2012. Es una magnífica
atalaya sobre el barrio de Santa Bárbara.

❚ CONVENTO DE SANTA FE   ✱

Al paseo del Miradero dan las ventanas de este
convento instalado en una parte de los antiguos
palacios de Galiana –a pesar del nombre estos palacios son distintos y no guardan ninguna relación con los de la Huerta del Rey, al otro lado del río–,
levantados por los gobernadores y monarcas musulmanes en la etapa en que dominaron la ciudad,
dentro del recinto fortificado conocido como Alficén.

El rey Alfonso VI, a instancias del arzobispo y
de la reina, ambos franceses, mandó construir en
este lugar una capilla dedicada a la Santa Fe, de
gran devoción más allá de los Pirineos. La voluntad
regia, a lo largo de los siglos, hizo que los palacios se
fragmentasen e instalasen en ellos distintas órdenes
religiosas que fueron cambiando la fisonomía del
edificio. En el siglo XIII ocuparon Santa Fe los frailes
de la Orden de Calatrava, que sustituyeron la capilla
por otra iglesia de mayor tamaño, que posteriormente sería derribada y de la que se conserva el **ábside,**
uno de los primeros del estilo mudéjar toledano.
Tras una etapa, en el siglo XV, en que es habilitado
por las monjas Concepcionistas, sirvió de sede conventual a las Comendadoras de Santiago desde el

Tradición comercial

Durante el año 1592 el corregidor Juan Gutiérrez Tello realizó una
importante renovación urbanística en Toledo: ordenó el espacio comercial,
reformó Zocodover y amplió la Plaza Mayor. En la actualidad este espacio
comercial que va de Zocodover a la catedral sigue siendo el centro de
Toledo desde el punto de vista de la actividad económica. Tiendas de
todo tipo, cafeterías y bancos se concentran en esta ruta viva de los
toledanos. Hace cuatro siglos Zocodover (voz árabe que significa plaza de
las bestias) albergaba a menestrales y en ella se celebraba un mercado los
martes que perduró hasta hace unos años en que fue trasladado al paseo
del Carmen. También se corrían toros, se hacían juegos de cucañas, se
celebraban autos de fe y se ejecutaba a los malhechores.
De Zocodover arrancaba la calle del Comercio y hoy sigue así. En ella
se encontraban los silleros, latoneros, herreros, cordoneros, joyeros,
cabestreros, roperos y las tiendas del rey. Esta calle del Comercio
terminaba y aún termina en las Cuatro Calles, donde estaba la Alcaicería.
Como tantas otras cosas en Toledo, virtualmente, todo sigue igual.

año 1505 hasta el 1935. En esta fecha lo vendieron a las monjas Ursulinas, quienes mantuvieron abierto un colegio de niñas hasta los años setenta del siglo XX, en que fue comprado por el Estado.

La más antigua construcción conservada en su interior es la afamada **capilla de Belén,** obra del siglo XI, realizada en estilo califal, que al parecer sirvió como oratorio al rey Almamún. Es un espacio reducido, exteriormente un cuadrado de 6,60 m, que en el interior se transforma en un octógono cubierto por bóveda califal cuyas nervaduras no se cruzan en el centro y se levanta sobre ocho gruesos arcos de herradura. En el interior de esta capilla fue enterrado Fernán Pérez, hijo de Fernando III el Santo, muerto en 1242, cuyo **sepulcro** se adorna con yeserías de mocárabes, el primer friso de este estilo en Toledo. El interior está decorado con pinturas realizadas durante el reinado de los Reyes Católicos. También merece ser citado un bello **alfarje** morisco de 1490, una buena muestra de las techumbres de madera construidas en el siglo XV.

El convento alberga la **Colección Roberto Polo, Centro de Arte Moderno y Contemporáneo de CLM**, colección privada de arte moderno.

| PLAZA DE ZOCODOVER ✱

Al final de la cuesta de las Armas se encuentra la plaza de Zocodover, el centro vital de Toledo, lugar de cita y confluencia de los vecinos desde su creación, hecho que probablemente ocurrió durante la

---

⏱ B3
Colección Roberto Polo.
Centro de Arte Moderno y
Contemporáneo de CLM

✉ Paseo Miradero, 1.
☎ 686 208 690.
🌐 www.coleccion
robertopolo.es
🕐 De lunes a sábado, de 10 h
a 18 h. Domingo, de 10 h
a 15 h.

⏱ B3
Plaza de Zocodover

▼ Plaza de Zocodover.
Al fondo, el arco de
la Sangre.

▲ Interior del Museo de Santa Cruz.

• • • • • • • •

🕐 B3
Museo de Santa Cruz
✉ Miguel de Cervantes, 3.
📞 925 221 402.
🔗 https://cultura.
castillalamancha.es
🕐 De lunes a sábado, de 10 h
a 18 h. Domingo, de 9 h a
15 h.
💶 4 €.

etapa musulmana, pues su nombre *Suk-al-dawad* –mercado de las bestias– así lo indica.

Serviría como lugar de comunicación entre los gobernantes musulmanes residentes en el Alficén y la población autóctona dominada. Su función comercial se ha mantenido durante siglos, ya que en ella se celebraba el mercado semanal de los martes, trasladado hoy día al cercano paseo del Carmen. Todavía permanecen abiertos en la plaza numerosos bares, bancos y comercios. El trazado de la plaza es irregular, condicionado a la forma casi triangular por sus principales accesos. La imagen de ágora queda marcada por la presencia de soportales en tres de sus fachadas.

Junto a la plaza de Zocodover se encuentran el hospital y Museo de Santa Cruz y el Alcázar, cuya visita, si se realiza este itinerario por la mañana, puede dejarse para la tarde.

▌ MUSEO DE SANTA CRUZ   ✱

A través del arco de la Sangre se llega al Museo de Santa Cruz. En el año 1494 obtenía una bula papal el cardenal don Pedro González de Mendoza, por la que se le autorizaba a fundar un hospital bajo la advocación de la Santa Cruz de Jerusalén, donde acoger a niños expósitos y huérfanos. Su pronta muerte no impidió la realización del proyecto ya que en sus disposiciones testamentarias dotó generosamente a la fundación, designando herederos a los propios niños, además de tener el buen acierto de nombrar albacea a la reina Isabel la Católica y a quien fuese su sucesor en la mitra arzobispal, el cardenal Cisneros.

En 1505, desocupado el convento de San Pedro de las Dueñas, que estaba situado dentro del Alficén musulmán, la reina decidió destinar su solar para sede del nuevo hospital.

Las obras se realizaron bajo la dirección de Enrique Egas, que fue maestro mayor de la catedral, y su hermano Antón, quienes se inspiraron para su ejecución en el Hospital Mayor de Milán. La planta es de cruz griega inscrita en un cuadrado, lo que debería dar lugar a cuatro patios; sin embargo solo se hicieron tres, uno de ellos muy pequeño para las proporciones del edificio.

La principal obra de los hermanos Egas, y la más antigua, corresponde en el interior a los cuatro brazos iguales de la cruz, que se dividen en dos plantas, cubiertas ambas por **artesonados** de madera; los de la planta baja, de tres paños con casetones decorados con octógonos y flores; los de la planta

▲ Fachada del Museo de Santa Cruz.

alta, armaduras de par y nudillo con tirantes; y en el almizate, pequeñas cupulillas propias del gótico mudéjar.

La entreplanta desaparece en el encuentro de los brazos, protegiéndose el piso alto con una balaustrada; este hueco permitía que los asilados participasen en los oficios religiosos celebrados en el crucero. Este se cubre con una bóveda de nervios que no se unen en la clave, sino que forman un octógono cubierto con cupulilla, siguiendo modelos musulmanes como en la mezquita del Cristo de la Luz.

Al final del brazo norte se edificó la **capilla,** que también carece de entreplanta, con bóveda gótica tardía decorada con un florón. Los muros interiores, enlucidos, carecen de decoración. Esta se concentra en el crucero, en los cuatro arcos escarzanos y en las pilastras que los sustentan produciéndose ya una mezcla de motivos vegetales góticos con candelabros platerescos.

Cuando Covarrubias se hizo cargo de la dirección de la obra, en el año 1515, todavía no dominaba el nuevo estilo renacentista venido de Italia, por lo que realizó aquí una de las muestras más logradas del primer plateresco toledano, en el que se entremezclan constantemente elementos propios del gótico. La **portada** principal está concebida como un gran retablo plateresco en piedra sobre una fachada muy sencilla de sillería, rota únicamente por los escasos huecos de las ventanas. La puerta, alineada con el

▲ Patio del Hospital de
Santa Cruz, bajo cuyos
arcos se muestran
▼ algunas piezas del museo.

eje de las naves, es adintelada, con dos cuerpos sobrepuestos presididos cada uno de ellos por sendos grupos escultóricos; el inferior representa la Invención de la Cruz por Santa Elena, acompañada por una efigie del cardenal y el superior el Abrazo de San Joaquín y Santa Ana ante la Puerta Dorada, flanqueado por dos profetas. Todo ello se decora con columnas, arcos, balaustradas y floreros tallados, propios del estilo plateresco. Sobre el alero corre un último cuerpo de cuatro huecos adintelados entre columnas, rematado por un frontón con el escudo del cardenal.

El **patio** mejor acabado es el situado a la derecha de la entrada. Consta de dos galerías con arcos de medio punto rebajados, decorados con cruces en las enjutas de la planta baja y escudos en la superior. En este patio se encuentra la magnífica **escalera** de Covarrubias, bajo arcos rebajados decorados con casetones, en la que destaca la buena labra de la balaustrada.

El hospital estuvo en estas dependencias hasta mediados del siglo XIX, en que se traslada al exconvento de San Pedro Mártir, siendo sustituido por un colegio militar; desde 1887 formó parte de la Academia General Militar. Cuando, en 1902, la Academia se instaló en el Alcázar, el hospital fue destinado a usos culturales y se iniciaron los trabajos de restauración, con el fin de adecuarlo a las necesidades de la colección permanente del **Museo de Santa Cruz** que alberga desde el año 2010. Ofrece en sus secciones de Arqueología, Bellas Artes y Artes Industriales una amplia colección de piezas que van desde la Prehistoria a las vanguardias más actuales, pasando por el arte romano, visigodo, musulmán y judío, sin olvidar muestras del Renacimiento y el Barroco.

Llenan los cuatro brazos del antiguo hospital instrumentos líticos, lápidas funerarias, monedas islámicas, muebles medievales y un atractivo catálogo de obras artísticas entre las que sobresalen varios cuadros del Greco. Finaliza el recorrido ante la colección Carranza, uno de los mejores conjuntos de cerámica y azulejos existente en la península ibérica.

▍EL ALCÁZAR ✳

La colina del Alcázar ha sido a lo largo de la historia un lugar donde se han levantado edificios destacados de la ciudad: pretorio romano, alcazaba musulmana y palacio real. Habiéndose cedido por diversos monarcas sus palacios a varias instituciones religiosas, Carlos V pensó remodelar el antiguo

El Alcázar

Este edificio monumental de Toledo puede ser contemplado desde dos puntos de vista: el viajero puede interesarse por su contenido militar y también por su importancia arquitectónica. Para lo primero ha sido remodelado para acoger al Museo del Ejército. Sin embargo, el Alcázar merece una visita más completa por su importancia cultural: es un ejemplo significativo del Renacimiento toledano, muy restaurado, casi completamente reedificado. La fachada principal se debe a Covarrubias, la meridional a Juan de Herrera, la escalera monumental a Villalpando. Poco queda auténticamente original ya que el edificio sufrió varios incendios (uno al principio del siglo XVIII, otro en 1810 y otro más en 1887) y la casi total destrucción durante la guerra en 1936. En la actualidad alberga diferentes servicios militares y desde octubre de 1998, en la última planta, la Biblioteca de Castilla-La Mancha, la segunda en importancia del país.

castillo, por entonces ya en desuso, para convertirlo en residencia de los reyes, idea que se truncó cuando Felipe II decidió trasladar la capital a Madrid, aunque sí continuasen las obras del edificio, que quizá sea el que ha sufrido más avatares entre todas las construcciones toledanas.

La reedificación no se comenzó hasta 1545 aunque en 1537 Covarrubias había sido nombrado maestro mayor del Alcázar. A él se deben las primeras trazas, proyecto que consistía en un rectángulo con torres en las esquinas y un patio con doble arquería de medio punto en el centro. Muerto Covarrubias le sucedió Herrera, al que se debe la fachada sur y la realización de la magnífica escalera imperial según las trazas de su predecesor. Las obras se dilataron más de un siglo, pues en 1643 todavía continuaban las remodelaciones. En ese año sirvió de prisión de Estado.

En 1706 estaba en ruinas y a causa de la guerra de Sucesión se quemó por primera vez en 1710. El cardenal Lorenzana instaló en el edificio la Casa de Caridad. Las obras de remodelación fueron realizadas por el arquitecto Ventura Rodríguez, quien las finalizó en 1776. Durante la guerra de la Independencia, en 1810, volvió a arruinarse a causa de otro incendio, y fue restaurado entre los años 1867 y 1878. Cinco años más tarde se convirtió en sede de la Academia General Militar y un incendio fortuito volvió a destruirlo en 1887. La Guerra Civil de 1936 provocó su casi total destrucción.

Por su volumen regular y su situación caracteriza e identifica la imagen de Toledo, pues destaca desde

🎧 C3
Alcázar

▲ Exterior del Alcázar de Toledo.

cualquier punto donde se contemple la ciudad, presentando sus fachadas regulares enmarcadas entre cuatro torreones. La más antigua es la fachada de oriente, donde se aprecian restos del viejo castillo original, almenas y un resto de muralla que ha perdido su utilidad militar.

En las fachadas de occidente y norte han quedado las huellas platerescas de la primera reconstrucción; al norte además se abre la **portada** principal, que resulta la más cuidada y bella de todas. En ella la labor de Covarrubias se plasmó en una portada con arco almohadillado flanqueado por columnas; sobre ella, entre pilastras y rematado por un frontón, se encuentra el escudo imperial; a ambos lados, esculturas de los monarcas visigodos Recaredo y Recesvinto. La fachada se corona con una bella galería de arcos escarzanos.

El lado sur está organizado con la sobriedad propia del estilo de Juan de Herrera. En la planta baja presenta arcos de medio punto cargados sobre pilastras, mientras que el resto de las plantas se abren con balcones y ventanas alternados, todo ello almohadillado.

En el interior hay un **patio** majestuoso con dos galerías de columnas y arcos de medio punto, decoradas con escudos imperiales. Se encuentra en el centro una estatua del emperador Carlos V ataviado a la romana. La famosa **escalera** fue realizada por Herrera según trazas de Covarrubias, organizada en cinco tramos y cubierta por bóveda de cañón. En la labra de sus piezas intervino el escultor Villalpando.

Desde 1998 alberga la **Biblioteca de Castilla-La Mancha** y en el año 2010 abrió sus puertas el **Museo del Ejército,** tras haber sido sometido el Alcázar a unos largos trabajos de preparación. La visita permite no solo examinar los vestigios arqueológicos aparecidos durante la restauración, sino hacer dos recorridos, uno histórico y otro temático, que posibilitan conocer el papel desempeñado por el Ejército desde los tiempos de la primera monarquía hispánica hasta el reinado de Felipe VI, así como contemplar valiosos objetos y obras de arte relacionadas con la vida militar.

Una vez visitado el Alcázar se regresa de nuevo a la plaza de Zocodover, desde donde se puede optar por dirigirse directamente hacia la catedral a través de la calle del Comercio y su prolongación, la del Hombre de Palo, o bien callejear en la misma dirección pero visitando algunos lugares de interés.

Esto último puede hacerse tomando la calle peatonal del **Barrio del Rey** en dirección a la plaza de la Magdalena, espaciosa y despejada gracias al derribo de algunas casas que aquí se levantaban. El barrio siempre ha sido poblado y bullicioso, dedicado a la actividad comercial desde que en él se fundó el Mercado de los Francos. Con este nombre se conocía al grupo de extranjeros, principalmente franceses,

Museo del Ejército

- De la Paz, s/n.
- 925 238 893.
- https://ejercito.defensa.gob.es/museo
- De martes a domingo, de 10 h a 17 h. Cierra los lunes.
- 5 €.

Biblioteca de Castilla-La Mancha

- Cuesta de Carlos V, s/n.
- 925 256 680.
- https://biblioclm.castillalamancha.es
- De lunes a viernes de 8.30 h a 21 h. Sábado de 9 h a 14 h (durante los meses de verano cierra los sábados).
- Entrada gratuita.

▼ Interior del Alcázar de Toledo, sede del Museo del Ejército.

Espadas y damasquinos

La tradición espadera de Toledo es antigua y su calidad fue famosa en toda Europa en los siglos del Imperio. Hoy la industria de las espadas se ha convertido en uno de los atractivos para el viajero coleccionista de recuerdos. El visitante tiene toda una gama de armas blancas para elegir, desde la mítica falcata ibera que copiaron las legiones romanas como arma revolucionaria hasta copias perfectas de sables de samurais japoneses. Hay reproducciones de la espada del Cid, de la de Boabdil y hasta reproducciones autorizadas de las que aparecen en la serie Juego de Tronos.

De la decoración de las antiguas espadas surgió la artesanía del damasquino, que consiste en incrustar metales preciosos en acero. El forastero puede elegir entre damasquinos artesanales o los realizados industrialmente a troquel. La diferencia entre uno y otro solo la aprecian los expertos. El viajero puede guiarse por el precio de venta que los diferencia. Hay un producto intermedio que consiste en obras troqueladas y terminadas en los detalles de forma artesanal.

C3
Corral de Don Diego

C3
Mezquita de las Tornerías
✉ Tornerías, 27-31.
En restauración (2024).

que acompañaron al rey Alfonso VI en la conquista de Toledo y que recibieron como recompensa casa en este barrio, que era propiedad del rey. El nombre de Barrio del Rey todavía designa a una plaza, una travesía y una calle.

CORRAL DE DON DIEGO

Bajando desde la plaza de la Magdalena se llega ante la portada gótica del que fue palacio de don Diego García de Toledo, hoy arruinado y transformado en el Corral de don Diego. Este palacio fue lujosamente edificado y alojó al conde de Trastámara que más tarde reinará con el nombre de Enrique II. En la actualidad solo queda un patio interior lleno de agradables bares y terrazas.

MEZQUITA DE LAS TORNERÍAS ✱

En el número 21 de la calle de las Tornerías se halla la mezquita que lleva el mismo nombre, también llamada de Solarejo por tener su entrada en la plaza de este nombre. Se levantó en el siglo XI, siguiendo el estilo califal de su modelo, la mezquita del Cristo de la Luz, aunque muy simplificado. Su planta, casi cuadrada, se divide mediante cuatro columnas en tres naves paralelas cruzadas por otras tantas, cubiertas por bóvedas vaídas a excepción de la central. Esta se eleva sobre un tambor y se subdivide en nueve espacios, decorados con motivos cruciformes. Los capiteles, que están sin decorar, son troncopiramidales con cimacio cruciforme, levantándose sobre ellos los arcos de herradura.

La mezquita fue construida sobre unas bóvedas de piedra, de probable origen romano, que permiten salvar el desnivel entre las dos calles. Tras su última restauración -en marcha– se convertirá en un espacio expositivo que acogerá el **Centro de Artesanía de Castilla-La Mancha.**

I PLAZA MAYOR

Si se desciende por la calle de las Tornerías se llega a la Plaza Mayor, nombre curioso si se considera que es la tercera en importancia, después de la de Zocodover y la del Ayuntamiento. La plaza fue trazada por Nicolás de Vergara *el Mozo* en 1593, con motivo de la nueva construcción del Sagrario y Ochavo catedralicios y del Hospital del Rey, obras realizadas bajo la supervisión directa de Felipe II. Ocupa la fachada oriental el **Teatro de Rojas,** así denominado en honor del dramaturgo toledano Rojas Zorrilla. Fue construido en el siglo XIX para sustituir a un antiguo corral de comedias del XVII. En la última restauración fue recuperado con acierto su admirable interior.

Frente a la calle de las Tornerías y junto al Teatro de Rojas se encuentra la fachada principal del mercado de abastos, reconvertido en supermercado. Por el lateral del mismo desciende, bordeando el muro oriental de la catedral, la calle de Sixto Ramón Parro, antes denominada de la Tripería porque en ella se encontraba el matadero musulmán.

Antes de proseguir el itinerario conviene desviarse hacia la derecha, frente al Teatro de Rojas, por la calle Chapinería, para ver el exterior de la **Puerta del Reloj,** la más antigua de la catedral, situada detrás de un atrio cerrado por verja gótica realizada en 1482. La primitiva puerta fue construida a finales del siglo XIII, aunque ha sufrido muchas reformas al levantarse a su derecha la **capilla de San Pedro** en el siglo XV, y, a su izquierda, la torre del Reloj (en la actualidad ya desaparecida) y la **capilla del Sagrario** a finales del siglo XVI.

Además, durante el siglo XVIII se cubrió gran parte de la fachada para albergar el ingenio del relojero de Carlos III que la identifica. Por encima de la obra dieciochesca todavía se ve gran parte de un rosetón gótico, cuyas vidrieras son las más antiguas del templo. Después de la visita, se regresa de nuevo a la Plaza Mayor para tomar la calle Sixto Ramón Parro.

◉ C2
Plaza Mayor

POSADA DE LA HERMANDAD

Descendiendo la cuesta, queda a la derecha el Ochavo de la catedral y a la izquierda una buena muestra del gótico civil, la portada de la Casa-Posada de la Hermandad. Solo se conserva esta fachada del edificio donde durante varios siglos tuvo su sede la Santa Hermandad, institución que velaba por la seguridad de campos y caminos. Su excelente **portada** data del siglo XV, y en su interior, rehabilitado como centro cultural municipal, destaca el que fue salón de sesiones de aquella entidad, que está decorado con pinturas murales de la época. En los sótanos se conservan los calabozos donde los malhechores permanecían detenidos.

Rodeando la catedral, frente a la bajada del Barco, se ven en lo alto unas ventanas en cuyos alféizares se apoyan unas extrañas parrillas de forja; son los soportes donde se colgaban a secar las velas de cera que la misma catedral fabricaba para su iluminación.

A continuación se halla la **puerta de los Leones,** construida por Enrique Egas en estilo gótico flamígero, aunque su parte más externa fue reformada en estilo barroco. En el tímpano destaca una imagen de la Asunción, realizada por Salvatierra en sustitución de una anterior de Juan Alemán que se hallaba muy deteriorada.

Más adelante se puede ver la **Puerta Llana,** que debe su nombre al hecho de ser la única en que enrasa el piso del templo con la calle.

Enseguida se llega a la plaza del Ayuntamiento a la que se abre la fachada principal de la catedral.

LA CATEDRAL ✦✦
HISTORIA

Es el edificio religioso más característico de Toledo y, por tanto, de visita obligada para todos los viajeros, y constituye una de las mejores concepciones góticas, en donde se unen elementos franceses con rasgos castellanos, dando como resultado el templo gótico con más elementos españoles de las muchas obras que en este estilo se levantan en nuestro país.

Ocupa el solar de una antigua iglesia visigoda dedicada a Santa María, sobre la que se erigió, aprovechando parte de sus elementos, la mezquita mayor de Toledo durante la dominación musulmana. Modernas técnicas de prospección han permitido detectar en el subsuelo del edificio restos de muros que deben de corresponder a estas dos construcciones anteriores.

En virtud de los pactos establecidos por Alfonso VI al conquistar la ciudad, esta mezquita o aljama per-

CATEDRAL DE TOLEDO

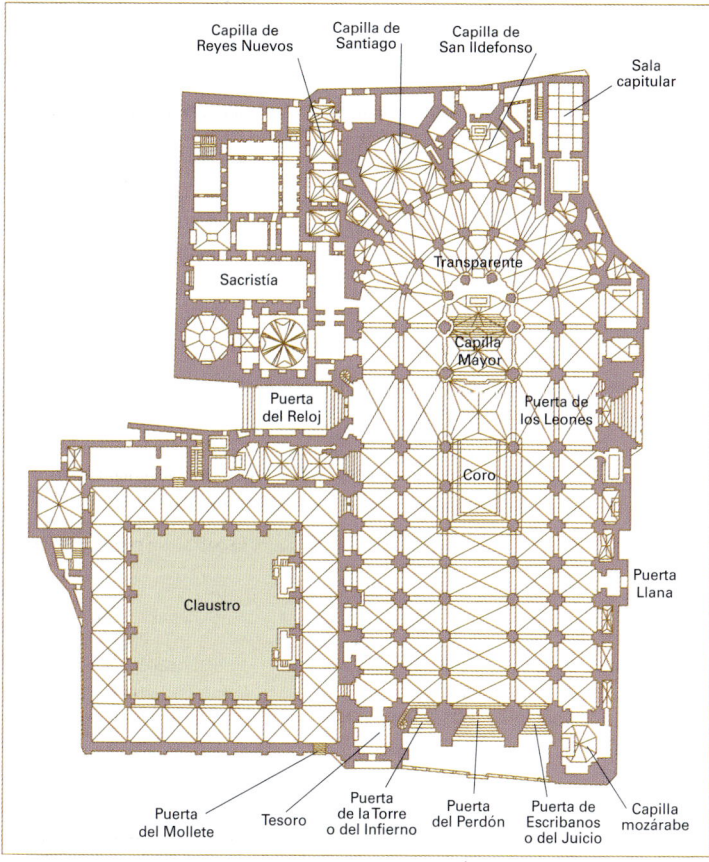

Capilla de Reyes Nuevos
Capilla de Santiago
Capilla de San Ildefonso
Sala capitular
Sacristía
Transparente
Capilla Mayor
Puerta del Reloj
Puerta de los Leones
Coro
Claustro
Puerta Llana
Puerta del Mollete
Tesoro
Puerta de la Torre o del Infierno
Puerta del Perdón
Puerta de Escribanos o del Juicio
Capilla mozárabe

vivió como tal hasta el año 1086 en el que, según recoge la primera *Crónica general de España,* el arzobispo don Bernardo, de acuerdo con la reina doña Constanza, la convirtió en templo cristiano aprovechando la ausencia del rey.

Una bula papal de 1222 autorizó la construcción del nuevo edificio, aunque hasta el año 1227 no se colocó la primera piedra. Dos siglos y medio se tardó en levantar las principales partes del edificio. Debido a ello, la catedral es un muestrario de las numerosas corrientes artísticas que a lo largo del tiempo plasmaron los mejores maestros de arquitectura, escultura y pintura que existieron en España.

El primero de ellos fue el maestro Martín, que concibió las trazas primitivas: planta de salón dividida en cinco naves, sin crucero marcado al exterior y rematada con doble girola. El maestro Martín dio buena muestra de su genialidad al resolver el problema de cubrición, que todas las dobles girolas presentaban, mediante la división del espacio trapezoidal resultante en triángulos y rectángulos, lo que permitió la utilización de unos contrafuertes más delgados al estar bifurcadas las presiones, y, lo que fue más importante económicamente, la posibilidad de abrir más capillas en la cabecera (15 en total, alternando grandes y pequeñas) que, vendidas a particulares, sirvieron para financiar la construcción.

El segundo maestro mayor de la catedral fue Petrus Petri (Pedro Pérez), de probable origen gallego.

▶ Fachada oeste o principal de la catedral de Toledo.

A él se debe otra novedad, la ubicación del coro en el centro del templo, frente al presbiterio, ya que en las trazas del maestro Martín este espacio se destinaba a **capilla Mayor** y a enterramiento real, lo que suponía la falta total de espacio para albergar el coro de los canónigos. Esta ubicación, fuera del presbiterio, tiene su precedente en el coro primitivo de la catedral de Santiago de Compostela. Ambas soluciones, coro y cubrición de la girola, son fundamentales para la organización de las restantes catedrales góticas españolas.

Un siglo después se tiene noticia de que el maestro Rodrigo Alfonso trazó y dirigió la construcción del claustro bajo, cuyas obras comenzaron en 1389.

A Álvar Gómez se debe la fachada principal y parte de la torre que terminó Hanequín de Bruselas,

además de la puerta llamada de los Leones. A estos maestros les sucedieron Juan Guas y Enrique Egas, que terminaron los cierres de las bóvedas en el año 1492, quedando finalizada la construcción básica del edificio, aunque después de ellos pasaron por la catedral numerosos arquitectos que lograron dar al edificio su aspecto definitivo.

EXTERIOR

Destaca exteriormente la falta de perspectiva para poder ver de forma general el edificio; solamente desde la plaza del Ayuntamiento se puede abarcar la majestuosidad de la construcción, aunque la visualización se limita a la **fachada** principal, enmarcada por dos **torres** desiguales; a la izquierda se encuentra la única que pudo acabarse según el proyecto original. Tiene 90 m de altura y consta de dos cuerpos. El inferior, prismático, fue levantado durante los siglos XIV y XV y rematado, en el lugar ocupado por las campanas, con grandes ventanales enrejados; en su interior destaca la renombrada **Campana Gorda,** fundida en el siglo XVIII, con un peso de 17.744 kilogramos, acorde con la desmesura barroca. Cuentan que su primer toque rompió cristales por toda la ciudad y que se rajó casi inmediatamente. Para subirla fue necesario contar con la ayuda de un grupo de marineros de la base de Cartagena, por su dominio en el manejo de cuerdas y polipastos. La entrada completa a la catedral incluye la opción de subir a esta torre y disfrutar de unas panorámicas excepcionales sobre los tejados del casco histórico.

Un canto a la soberbia

El paño izquierdo de la capilla Mayor de la catedral es todo él un hermoso monumento funerario: la tumba del cardenal Mendoza, de estilo plateresco. La historia cuenta que el cabildo catedralicio se oponía a que el cardenal, en vida todopoderoso, fuera enterrado en este lugar. Una noche, "manu militari", Isabel la Católica envió un grupo de soldados que derribaron el paño gótico para construir en su lugar la tumba que hoy contemplamos. Al sucesor de Mendoza, el cardenal Portocarrero, no le gustó la decisión real y siempre mantuvo que el monumento era un canto hecho piedra a la soberbia. Por ello mandó que a su muerte fuera enterrado en el suelo, frente a la tumba de Mendoza, sin pompa ni artes mortuorias. Solo una plancha de bronce, a ras de las baldosas, con este simple epitafio: "HIC IACET PULVIS, CINIS ET NIHIL" *(aquí yace polvo, ceniza y nada)*. El dilema, si aquello fue humildad o la más sutil de las soberbias, ha quedado en el suelo de la catedral, frente a la capilla de la Virgen del Sagrario, para reflexión del visitante.

La que debería ser pareja de esta torre nunca llegó a construirse más allá del primer cuerpo que ahora se ve, puesto que la roca granítica, sobre la que debía apoyar sus cimientos desaparece en esta parte. Por esto se remató con un lucernario octogonal gótico levantado en 1519 por Enrique Egas; cien años más tarde y a causa de un incendio fue necesario cubrir de nuevo y se hizo mediante una cúpula, encargándose de estas obras el maestro Jorge Manuel Theotocópuli, hijo del Greco.

A la fachada principal se abren tres **puertas**: la central, grandiosa y con parteluz, denominada **del Perdón,** y las laterales, más pequeñas y sencillas, se conocen como **del Infierno,** la situada a la izquierda, y **del Juicio,** la de la derecha, según las escenas que aparecen en sus tímpanos.

Las puertas solamente se abren con ocasión de grandes acontecimientos: visitas de jefes de Estado o primeras entradas de nuevos arzobispos. La parte gótica de la fachada se limita a la portada y arquivoltas, siendo todo lo demás obras de revestimiento realizadas en los siglos XVII y XVIII, mezclando estilos clasicistas y pseudogóticos, y rellenando profusamente los huecos con esculturas. Estas obras, aunque bien equilibradas, pueden desentonar por el frontón retranqueado que las remata, obra de Durango. Sí es meritorio el grupo escultórico de la *Última Cena,* realizado por Salvatierra sobre la puerta central.

Junto a la puerta del Mollete, que se sitúa al pie de la torre de las Campanas, está el claustro, cuyas paredes están decoradas con frescos de Bayeu. El **claustro,** cuya construcción fue iniciada a finales del siglo XIV por el arzobispo Pedro Tenorio, ocupa parte del antiguo barrio conocido como Alcaná, mercado cerrado habitado por judíos, que fue arrasado en la revuelta antisemita de 1391.

▎INTERIOR

A través de la puerta Llana se ingresa en la solemnidad grandiosa del templo primado de España. En la primera impresión los ojos buscan las alturas siguiendo la verticalidad de las columnas, hasta encontrar las fuentes de luz multicolor que derraman las vidrieras. Es una iglesia con cinco espaciosas naves, de alturas escalonadas, divididas por pilares de los que parten los nervios que soportan las bóvedas de crucería, dentro del más puro estilo gótico. El toledanismo se plasma en el **triforio** mudéjar de arcos lobulados que recorre el crucero y el primer semicírculo de la girola.

▲ Portada del Perdón (arriba) y torre de las campanas.

▲ Capilla de Santiago.
▼ Bóveda del altar Mayor de la catedral.

CAPILLAS

Próxima a la entrada se encuentra la **capilla de la Descensión,** adosada a un pilar de la nave central. Según la tradición, ocupa el lugar del altar de la primera basílica visigoda, ante el cual, en la madrugada del 18 de diciembre del año 666, al arzobispo San Ildefonso se le apareció la Virgen ofreciéndole una casulla celestial en agradecimiento por la defensa de la virginidad que este había hecho. Este milagro es el tema iconográfico por excelencia que se repite por toda la catedral. Los espacios existentes entre los contrafuertes que sostienen las bóvedas de las naves y de la girola están ocupados por numerosas capillas particulares en las que abundan los detalles de mérito artístico, todas ellas cerradas por buenas **rejas.** Destacan las que se citan a continuación.

Bajo la torre pequeña se abre la **capilla del Corpus Christi,** o capilla Mozárabe, destinada por el cardenal Cisneros en el año 1504 para que en ella se conservaran la misa y los oficios del rito mozárabe, perdidos en el resto de la cristiandad. Aún hoy cada día a las 9 h (los domingos a las 9.45 h) se celebra la misa según esta liturgia, único momento en que se abre la capilla al público. Al exterior se cierra con reja de Juan Francés, y sobre ella, en hornacina, una *Piedad* esculpida por Enrique Egas. Su interior se adorna con un altar de mármol y sobre él un retablo gótico moderno que encuadra un espléndido mosaico de la *Virgen con el Niño,* traído de Roma por encargo del cardenal Lorenzana. Curiosamente hubo que sacarlo del mar por naufragio del barco que lo transportaba. En una mazonería de 1924 se encajaron las tablas del siglo XV que proceden de la sinagoga del Tránsito y presentan escenas de la Virgen y otros santos. Un tríptico, pintado al fresco por Juan de Borgoña en el año 1514, representa la *Toma de Orán* realizada por el propio Cisneros como regente.

En la girola se abren dos capillas octogonales que destacan por sus dimensiones y por su gran riqueza artística. Sobre el eje del templo se encuentra la **capilla de San Ildefonso,** construida en la segunda mitad del siglo XIV para enterramiento del arzobispo cardenal Gil Álvarez de Albornoz y sus familiares. En el centro está el sepulcro del fundador y en los laterales, bajo arcosolios, otros enterramientos, el más meritorio es el situado a la derecha, realizado por Vasco de la Zarza en estilo plateresco.

A continuación se encuentra la **capilla de Santiago** que repite el modelo octogonal. Fue levantada durante el siglo XV por el condestable don Álvaro

▲ Coro y órgano
de la catedral.

de Luna y su esposa doña Juana Pimentel, cuyos sepulcros presiden la capilla desde su centro; según cuenta la tradición hubo otros sepulcros, cuyas estatuas, provistas de engranajes articulados, se arrodillaban en el momento de la Consagración. Es de gran mérito el **retablo** con pinturas de los fundadores y de santos, realizadas por Sancho de Zamora. La escultura de Santiago es de Juan de Segovia. La cripta es hoy enterramiento de los duques del Infantado.

La siguiente **capilla** es la de **Reyes Nuevos,** así llamada porque sirve de enterramiento a los monarcas de la casa de Trastámara que anteriormente estuvieron sepultados en las proximidades de la capilla de la Descensión. Fue construida por Covarrubias por mandato de Carlos V. Su estructura es gótica con ornamentación plateresca. Las **verjas** son obra

Mozárabes y mudéjares

La palabra mozárabe viene de *musta'rab* que significa "que procura parecerse a los árabes". Durante la dominación musulmana, los conquistadores aplicaron a los cristianos la legislación coránica para los *dimmíes* (fieles monoteístas) que les permitió gozar de gran autonomía. En Toledo tuvieron los mozárabes gran importancia política y se agrupaban en parroquias que han llegado con tal carácter hasta la actualidad. La liturgia mozárabe arranca de la visigoda y ha sido mantenida en Toledo hasta nuestros días, así que sigue celebrándose en la capilla mozárabe de la catedral. También se conservan cofradías mozárabes formadas alrededor de las parroquias del rito por los descendientes de los cristianos que vivieron bajo el Toledo árabe. El contrapunto de lo mozárabe es lo mudéjar. Con este nombre, que viene de la voz *muddayyan,* se conoce a los musulmanes que quedan en los reinos cristianos tras la reconquista. Arquitectos y albañiles sobre todo, dieron a Toledo su personalidad y el nombre de este peculiar estilo arquitectónico predominante en la ciudad.

▼ Retablo del altal mayor de la catedral.

de Domingo de Céspedes y dividen el recinto en dos secciones; en la primera hay tres altares neoclásicos de Ventura Rodríguez, con pinturas de Maella. En el tramo principal, sobre la sillería del coro y bajo arcosolios, se encuentran los sepulcros reales. En el presbiterio se puede ver el **retablo** que fue realizado en el año 1805 por Mateo Medina, con un lienzo central de la Descensión, también obra de Maella.

En el centro de la girola se rompe la armonía gótica de la catedral con una grandiosa construcción barroca, el llamado **Transparente**. Fue realizado por Narciso Tomé y sus hijos en 1720, con intención de dar luz a una oscura estancia que, tras el retablo mayor, guarda el Santísimo Sacramento. Consta de dos partes, el rompimiento de la bóveda y el Transparente propiamente dicho. Para la primera hubo que abrir la bóveda para formar un tragaluz, que está decorado con múltiples figuras, pintadas y esculpidas, alusivas a la Eucaristía. Considerando el equilibrio de fuerzas propio de las construcciones góticas, fue una empresa arriesgada y muy discutida ya en su época. El Transparente está formado por un suntuoso **retablo** de tres cuerpos de mármol; en el inferior, sobre un altar, se encuentra la *Virgen de la leche* entre columnas y bajorrelieves; en el centro, una aparatosa escena, alrededor de un sol radiante de bronce, disimula la abertura que justifica la obra, a través de la cual por transparencia se da luz a la estancia citada;

en el cuerpo superior se ve una *Última cena,* y coronándolo todo una estatua de la Fe.

Después se puede ver la imagen que mayor devoción despierta en Toledo, la *Virgen del Sagrario,* patrona de la ciudad. Se encuentra en una **capilla** que anteriormente sirvió para guardar el ajuar del culto, el *Sacrarium.* Esta pieza se levantó en un plan general de obras que incluyó el Ochavo, la sacristía y otras dependencias situadas alrededor del patio del Tesorero. Las obras duraron de 1578 a 1673. Vergara *el Mozo* fue el autor de su traza original, modificada después de su fallecimiento por los numerosos arquitectos que intervinieron en las obras; la mayor parte de la capilla es obra de Juan Bautista Monegro. La imagen, siempre revestida de ricos mantos, es una talla gótica del siglo XIII, sedente, con el Niño en brazos. Separada de esta capilla por la puerta del Reloj, se encuentra la **capilla de San Pedro,** gótica del siglo XV, que hace las funciones de parroquia. En la bóveda del ábside destaca un lienzo de Bayeu, quien también pintó los situados en los altares laterales.

CAPILLA MAYOR Y CORO

Una vez visitadas las principales capillas conviene situarse en el crucero para admirar dos maravillosas joyas, la **capilla Mayor** y el **coro.**

El presbiterio es el resultado de una reforma que fue realizada en los primeros años del siglo XVI, en tiempos del cardenal Cisneros, quien obtuvo el beneplácito de los reyes para derribar el muro divisorio de la capilla de Sancho IV con la capilla mayor, ganando en amplitud. En ella destaca el magnífico **retablo** tardogótico de forma curva, como el espacio que cubre. Sobre una predela se sitúan cinco calles con tres escenas cada una, que representan temas del Nuevo Testamento, principalmente de la vida de Cristo, coronadas por un Calvario; estas distintas escenas están enmarcadas por filigranas en madera que imitan las formas de la custodia. En esta magnífica obra participaron los más afamados tallistas e imagineros de la época como Petit Juan, Copín de Holanda, Felipe Bigarny, Sebastián de Almonacid y otros muchos, por lo que es difícil discernir lo que a cada maestro corresponde.

El presbiterio se cierra con la **verja** de Villalpando, obra cumbre de la rejería plateresca española.

Enfrente, detrás de una reja de Domingo de Céspedes, también plateresca y de gran valor artístico aunque más sobria, está el **coro de los Canónigos,** formado por una doble sillería de gran fama. La sillería baja fue tallada a fines del siglo XV por Rodrigo

▼ Bóveda abierta del Transparente de la catedral.

Alemán con escenas de la conquista de Granada. Su mayor curiosidad estriba en las misericordias situadas bajo los asientos; en ellas se desborda la fantasía medieval con figuras humanas y animales en escenas disparatadas, algunas claramente obscenas, muy a tono con la iconografía costumbrista gótica. La sillería alta fue realizada por Felipe Bigarny y Alonso Berruguete, destacando la obra realizada por este, considerada absolutamente genial. Sus relieves sobre la *Genealogía de Cristo* la convierten en una de las mejores sillerías de coros españoles.

Además de la sillería merece la pena admirar los dos órganos barrocos de los laterales, dignos compañeros del espléndido **órgano del Emperador**, situado sobre la puerta de los Leones. En el recinto que cierra el trascoro hay varias columnas que probablemente proceden de la anterior mezquita.

▶ La Custodia que sale en la procesión el día del Corpus, fue realizada para la reina Isabel la Católica por Enrique de Arfe.

▼ Sacristía, donde se expone el cuadro del Greco *El expolio*.

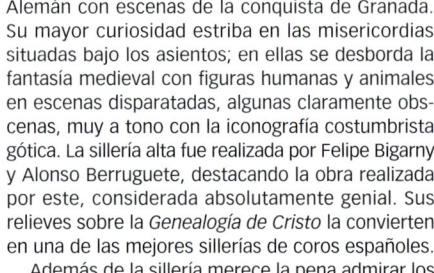

SALA CAPITULAR, SACRISTÍA Y MUSEO CATEDRALICIO

La **sala Capitular** se abre con una portada estilo Cisneros entre dos pináculos góticos, obra de Copín de Holanda; sin embargo, al trasponer el dintel, el gótico desaparece para dejar paso a una mezcla afortunada del mudéjar y el plateresco, lo que se aprecia ya en la antesala con artesonado mudéjar sobre un friso plateresco, pintado, como los frescos murales, bajo la dirección de Juan de Borgoña. Al frente se encuentra la puerta que da paso a la sala Capitular, de la que Bernardino Bonifacio realizó en 1510 tanto la yesería que la enmarca como las tallas de sus batientes.

La sala destinada a las reuniones del Cabildo está cubierta por un suntuoso **artesonado** de 1508 en estilo mudéjar renacentista con profundos casetones pintados y dorados que denotan gran riqueza. Las paredes están decoradas en parte con frescos de Juan de Borgoña, bajo los que se encuentran los retratos de todos los arzobispos primados, muchos de ellos salidos de los pinceles de los mejores pintores de cada época, como Tristán, Comontes, Ricci, Vicente López o Madrazo.

En la **Sacristía** se guarda una parte del **Museo Catedralicio**, riquísimo tanto en obras pictóricas como en joyas y orfebrería. Aparte de las numerosas obras del Greco, entre las que destacan un *Apostolado* y *El expolio*, se encuentran obras de primeros pintores y escultores: *El prendimiento* de Goya, *La última cena* de Juan de Borgoña, *La Sagrada Familia* de Van Dyck, *La Dolorosa* de Morales, *Jesús y la samaritana* de Rubens, *El diluvio* de Bassano, o la escultura que representa a *San Francisco de Asís*, que fue realizada en una sola pieza por Pedro de Mena.

El Corpus Christi

Es la fiesta grande de Toledo. Las calles que recorre la procesión se cubren tradicionalmente con toldos y en la fachada de la catedral de la calle del Arco de Palacio se cuelgan tapices antiguos. La víspera, las autoridades locales, seguidas por una muchedumbre de toledanos y forasteros, recorren "la carrera" engalanada y sembrada de tomillo y romero, precedidos por el Pertiguero, quien porta una vara de la misma medida que la Custodia de Arfe para comprobar que esta no tendrá dificultades de paso durante la procesión.

La procesión ha permanecido casi invariable durante siglos: las autoridades vestidas de frac, las asociaciones religiosas, niños ataviados de Primera Comunión, órdenes caballerescas, Infanzones de Illescas, Caballeros Mozárabes, Caballeros del Corpus Christi, Cofradía de Investigadores... acompañan a la Custodia el día de mayor esplendor para Toledo. La Custodia, de plata dorada y piedras preciosas, es en realidad la "envoltura" gótica de otra custodia más antigua. El viril es del más puro oro, traído en los albores de la conquista de América.

Desde la Sacristía se accede al **Ochavo,** donde recoge la catedral sus abundantes reliquias de santos. Por la derecha del sagrario se pasa a otras salas museísticas, instaladas alrededor del herreriano **patio del Tesorero.**

TESORO

El **Tesoro** catedralicio, selección de joyas de mayor riqueza que durante siglos la devoción de particulares, canónigos y arzobispos ha depositado en la Primada, se expone en la **capilla de San Juan o de la Torre,** con portada plateresca de Covarrubias. Bajo un artesonado de mocárabes se agrupan las alhajas y ofrendas en varias vitrinas: crucifijos, esculturas de vírgenes y santos, cálices, navetas, arquetas, bandejas, espadas, copones y joyas variadas de metales preciosos, adornados con las mejores pedrerías, llegan a embotar la vista, que pronto se siente atraída por la culminación de toda esta riqueza, la *Custodia procesional* de Enrique de Arfe. En ella el oro, la plata, la pedrería y los esmaltes se han unido con la sensibilidad artística más exquisita para cantar las alabanzas del Corpus Christi en el día de su procesión. Unos 18 kg de oro, 183 de plata dorada y numerosísimas piedras preciosas hasta completar un total de 5.600 piezas y 12.500 tornillos fueron utilizados por Arfe para construir "acaso la más ostentosa alhaja que pueda contemplarse en la cristiandad", en palabras del marqués de Lozoya.

⏱ C2
Palacio Arzobispal

⏱ C2
Ayuntamiento

▼ Fachada del Palacio Arzobispal, en la plaza del Ayuntamiento, e instalación artística de Cristina Iglesias.

Una vez terminada la visita a la catedral, se puede recorrer la plaza del Ayuntamiento. En ella se encuentra la fachada de la Casa Consistorial tal como quedó después de la reforma realizada en el siglo XVII por el arquitecto Jorge Manuel Theotocópuli, hijo del Greco.

A la derecha queda el **Palacio Arzobispal,** de fachada austera, que mira a la sede de la **Audiencia Provincial,** en la que destaca su extraordinaria portada de estilo gótico florido, completada en su piso alto con una ventana geminada de igual estilo, procedentes ambas del palacio ya derruido de los condes de Arcos.

❘ AYUNTAMIENTO ✳

El municipio toledano no tuvo sede para su Ayuntamiento hasta llegado el siglo XV. Anteriormente, las reuniones del concejo tenían lugar en la casa de los alcaldes mayores o bajo la puerta del Perdón de la catedral.

En 1480 se edificaron unas casas que pronto quedaron pequeñas y solo a mediados del siglo XVI, cuando Covarrubias reorganizó la actual plaza del Ayuntamiento, se puso en marcha la construcción de un edificio nuevo, comenzando las obras en el año 1575. Juan de Herrera fue el autor de la traza, pero la obra fue modificada por Jorge Manuel Theotocópuli. Ambos son los autores de la mayor parte de la **fachada** principal que da a la plaza. Teodoro de Ardemans añadió con otro piso las **torres** laterales.

Entre las esquinas del palacio Arzobispal y el Ayuntamiento arranca una cuesta escalonada que llega a la plaza del Consistorio. En ella se levanta, ocupando el número 3, la popularmente conocida como **casa del conde Esteban,** edificio que en su patio esconde yeserías mudéjares, una viga tallada y un alfarje del siglo XV. A su lado se alza un edificio neogótico de finales del siglo XIX, representativo de la corriente historicista presente en la ciudad.

A la izquierda de la plaza se encuentra la entrada al pasadizo del Ayuntamiento, una de las vías públicas más sorprendentes de la ciudad. La primera impresión que produce es la de hallarnos en una vivienda particular, y algo de esto hay, pues hasta el siglo XVII se levantaban en el solar que se adivina a la derecha, tras la tapia, las casas principales de los condes de Pinto y Caracena, derribadas por el Ayuntamiento ante el abandono mostrado por sus dueños; la trasera de este edificio es lo único que hoy permanece en pie. Se pasa por debajo de ella a través del cobertizo más bajo y umbrío de la ciudad, en lo que fue la entrada a los antiguos establos y caballerizas. Es la única calle pública de Toledo que se cierra durante la noche. A la salida se ve, en la calle de la Ciudad, una airosa puerta gótica, único resto que permanece del palacio de los Toledo.

| *TRES AGUAS* EN LA PLAZA DEL AYUNTAMIENTO

Con el citado título se inauguró en 2014 un proyecto escultórico de Cristina Iglesias, que conecta tres espacios singulares de la ciudad: la plaza del Ayuntamiento, el convento de Santa Clara y la antigua Fábrica de Armas. En las tres obras, la autora utiliza el agua como símbolo de unión de las tres culturas que han configurado la historia de Toledo y también como un lenguaje capaz de aportar sugerencias y sonidos.

El proyecto situado a los pies del Ayuntamiento introduce una insólita pincelada de naturaleza en un entorno de mucha densidad monumental. Muestra

▼ Ayuntamiento de Toledo, en la plaza del mismo nombre, .

● C2
Iglesia de Santa Úrsula

● C2
Iglesia del Salvador

✉ Plaza del Salvador, s/n.
🌐 https://toledomonumental.com
🕐 De lunes a domingo, de 10 h a 18.45 h, a 17.45 h en invierno.
💰 4 €.

● C2
Museo Taller del Moro

✉ Taller del Moro, s/n.
📞 925 788 270.
🌐 https://turismo.toledo.es
🕐 De martes a sábado, de 10 h a 14 h y de 16 h a 18 h. Domingo, de 9 h a 15 h.

▼ Torre del Salvador.

el lecho de un río formado por varillas metálicas que se asemejan a las raíces de los árboles. En el centro de la composición se advierte la huella de un cauce por el que fluye el agua poco a poco hasta llenar la superficie del cauce. Y por él desaparece.

▎IGLESIA DE SANTA ÚRSULA

Por la empinada cuesta de la calle de la Ciudad se rodea el ábside de la iglesia conventual de Santa Úrsula, una de las muchas iglesias mudéjares toledanas. En el interior merece citarse el excelente *Retablo de la Visitación,* obra del escultor Alonso Berruguete y el taujel de la sacristía, que luce mocárabes y fue terminado en el siglo XIV. El convento cerró sus puertas en 2015 y ahora el retablo solo se puede visitar en algunas fechas determinadas.

▎IGLESIA DEL SALVADOR

Está ubicada en la plaza del Salvador, en el cruce de cinco calles. Esta iglesia está dividida en tres naves por arcos de herradura, apoyados en la cabecera sobre dos curiosísimas pilastras visigodas que presentan cuatro escenas de la vida de Cristo en las que el rostro del Salvador aparece raspado y mutilado, hecho que sucedió cuando el edificio religioso fue mezquita. También conserva capiteles y columnas visigodas e hispanorromanas, siendo la iglesia que guarda más elementos anteriores a la dominación árabe. A finales del siglo XV se construyó junto a su cabecera la **capilla de Santa Catalina,** para enterramiento de la familia Álvarez de Toledo, condes de Cedillo. Fue decorada con buenos **retablos,** uno de ellos salido de los pinceles de Pedro Berruguete y Lorenzo de Ávila.

Los últimos descubrimientos arqueológicos permiten visitar la planta de la mezquita primitiva sobre la que se construyó el templo cristiano y también los restos (una arquería de tres columnas y cuatro arcos de herradura) de una ampliación efectuada en el siglo XI.

Cerca, en la plaza, se encuentra el **pozo** medieval de **El Salvador,** cuya construcción se supone anterior al siglo XIV.

▎MUSEO TALLER DEL MORO ✱

Próximo a la iglesia se encuentra el Taller del Moro, edificio construido en la primera mitad del siglo XVI, en el que destaca su magnífico **artesonado** mudéjar. Desde 1963 es un museo en el que se pueden ver diversas muestras de arte decorativo islámico y mudéjar. En tiempos debió ser una dependencia del

muy extenso **palacio de los condes de Fuensalida.**
Tras albergar la Presidencia de la Comunidad de
Castilla-La Mancha, funciona como sala de exposiciones. En él destacan el patio de dos alturas, las
yeserías gótico-mudéjares y los artesonados que
adornan diversas estancias.

I IGLESIA DE SANTO TOMÉ ★★

Contigua al palacio se encuentra la iglesia de Santo
Tomé, apenas separada de aquel por el patio con
galería de la casa parroquial levantada en el siglo XVI.
Es uno de los lugares de la ciudad que más visitantes congrega, atraídos por el interés que despierta
el cuadro *El entierro del señor de Orgaz* guardado
en su interior. La actual iglesia de Santo Tomé es
el resultado de diversas reconstrucciones. Aunque
se cita su existencia en documentos del siglo XII,
es en el XIV cuando don Gonzalo Ruiz de Toledo,
señor de Orgaz y notario mayor del reino de Castilla,
acomete una completa reedificación de la que en la
actualidad solo se conserva la torre y la cabecera.
Nuevas modificaciones se introdujeron en los siglos
XVII y XIX desvirtuando su traza original.

La **torre,** fruto de la reconstrucción efectuada
por el señor de Orgaz, es uno de los símbolos que
definen la ciudad, y está considerada por algunos
estudiosos como la más bella manifestación de la
arquitectura mudéjar en Toledo. Torre de ladrillo y
mampostería, que conserva la estructura del antiguo
alminar que poseyó el templo mientras fue mezquita
musulmana, es decir, hasta la conquista de Toledo
en 1085, fecha a partir de la cual probablemente
pasó a integrarse en el culto cristiano. Se levanta
airosa sobre las tejas somnolientas, mostrando sus
arcos de herradura, sus arquerías ciegas, sus arcos
lobulados. Como curiosidad, se puede mencionar el
resto visigodo empotrado en la parte baja del muro
que se orienta a El Salvador.

En el interior de la iglesia conviene examinar el
retablo de la capilla de la Encarnación, cuyo trabajo pictórico corresponde a Hernando de Ávila y
el escultórico a Nicolás de Vergara *el Viejo.* Destaca
también la *Virgen de la sonrisa,* escultura en alabas-
tro policromado (siglo XIV) de autor no conocido.
Encandila, por su amorosa ternura, la sonrisa que
la Virgen le dirige a su Hijo, a quien sujeta con el
brazo. Junto a la capilla de la Hermandad se localiza
la puerta que permite subir al alminar almohade
desde el que, en el Toledo musulmán, se convocaba
a oración. En la sacristía se guarda una Piedad (siglo
XVI) de escuela toledana.

C2
Iglesia de Santo Tomé

✉ Plaza del Conde, 4.
☎ 925 256 098.
🖥 https://santotome.org
🕐 De lunes a domingo de 10 h
a 18.45 h.
💶 4 €.

▼ Torre de Santo Tomé.

EL ENTIERRO DEL SEÑOR DE ORGAZ, DE EL GRECO

El entierro del señor de Orgaz fue pintado por El Greco entre 1586 y 1588 por encargo del entonces párroco de Santo Tomé, don Andrés Núñez, que deseaba inmortalizar en colores la leyenda toledana según la cual, como recompensa por los favores otorgados por el señor de Orgaz a ciertos frailes agustinos y a una iglesia dedicada a san Esteban, descendieron del cielo san Agustín y san Esteban en persona para darle sepultura, con sus propias manos, al notario del reino. De acuerdo con las condiciones del contrato (en el que se detallaba minuciosamente el contenido del cuadro) y del lugar donde debía colocarse, el artista consiguió una verdadera obra de arte que gozó del aprecio popular en su tiempo, supuso la culminación de su trayectoria pictórica y hoy alcanza universal reconocimiento.

En la actualidad no hace falta entrar en el templo para contemplar el cuadro, ya que ha sido habilitado un acceso más cómodo desde la plaza del Conde.

El artista desarrolla el tema del nacimiento a la vida eterna del señor de Orgaz, inspirándose en la leyenda toledana anteriormente expuesta. Renunciando a los escenarios venecianos, narra la historia en dos planos: el superior, hacia el que se dirigen las almas, y el inferior, en el que habitan los mortales. En el primero se aprecia cómo el alma del notario (simbolizada en la imagen borrosa de un niño), que es conducida por un ángel, se ha-

El Greco

Pío Baroja publicó en 1902 su novela *Camino de perfección* en la que el protagonista, admirador del Greco, ve en Toledo los cuadros del pintor "resquebrajados" y olvidados por todos. La verdad es que el "descubrimiento" del artista para el gran público es posterior, a pesar de que don Pío, su hermano Ricardo el pintor, y los artistas y escritores de la tertulia del Café de Levante, fueron andando en 1909 a Toledo para admirar la obra de Doménico Theotocópuli.

A El Greco hay que comprenderle como un artista griego que se hizo toledano, no español. Toledano por el matiz orientalista que siempre tuvo Toledo, un orientalismo bizantino que no clásico. Tal vez por eso le gustó la ciudad. Son falsas las teorías sobre el pintor que le presentan como un iluminado o loco o padeciendo un defecto en la vista. El Greco era un hombre culto, irónico y sibarita en sus costumbres, que pintó Toledo de dos maneras: una precisa, casi con valor de plano, y otra más idealizada. También realizó obras religiosas y una galería de personajes de la época, caballeros de mirada profunda que son el retrato de aquella sociedad.

lla a punto de atravesar un angosto conducto y acceder a la morada celestial. Maternal y solícita, acude a recibirla la virgen María mientras san Juan Evangelista intercede ante el Todopoderoso. Al mismo tiempo, la corte celestial suplica a Cristo –que aparece como Supremo Juez– su admisión en el reino de los cielos.

En el plano inferior se representa un fraile franciscano y otro agustino, los dos santos que sostienen el cuerpo del señor de Orgaz, el párroco de Santo Tomé y una galería de personajes de la época que miran al cielo u observan el desarrollo de la inhumación. El Greco quiso legar a la posteridad los retratos de varios caballeros toledanos y de otras personas, algunas de ellas fácilmente reconocibles en su tiempo como el párroco de Santo Tomé, el propio pintor, su hijo Jorge Manuel y Antonio de Covarrubias. Otros rostros han sido objeto de diversos intentos de identificación. Entre otras, cabría citar la teoría defendida por Luis Astrana Marín en su monumental *Vida heroica y ejemplar de Miguel de Cervantes Saavedra*, donde sostiene que Cervantes también se encuentra entre los retratados.

La elocuencia de las manos, el misterio de los rostros, los contrastes cromáticos, la calidad técnica de los detalles pictóricos (transparencia del roquete, riqueza decorativa de las casullas, brillo de la armadura, abundancia y miniatura de los motivos ornamentales) caracterizan esta obra verdaderamente excepcional.

▼ Museo del Greco.

• • • • • • • • •

⏱ C2
Museo del Greco

✉ Paseo del Tránsito, s/n.
☎ 925 990 980.
🌐 www.cultura.gob.es/mgreco
⏱ De martes a sábado, de
9.30 h a 18 h (a 19.30 h en
verano). Domingo y festivos,
de 10 a 15 h. Lunes,
cerrado.
💲 3 €.

▼ Interior de la sinagoga
del Tránsito.

| **MUSEO DEL GRECO** ★★

Por la calle fontera de San Juan de Dios, cuyo peculiar ambiente la delata como parte del barrio de la judería, se llega pronto al Museo del Greco. El edificio fue adquirido y restaurado a comienzos del siglo XX por el marqués de la Vega-Inclán, quien, ayudado por artesanos locales, lo reconstruyó como una vivienda típica del siglo XVI, con intención de destinarlo a museo de las numerosas obras que pudo reunir del genial cretense, convencido de que el edificio correspondía a los palacios del marqués de Villena, donde habitó veinticinco años Domenico Theotocópuli. Sin embargo el solar de estos palacios está enfrente, bajo el jardín del Tránsito. Es probable que se levante sobre el solar donde en el siglo XIV tuvo su palacio el tesorero real Samuel Leví. Según la tradición, en el jardín de la vivienda se encuentran hasta siete plantas de sótano, protagonistas del Toledo esotérico, pues se cuenta que Enrique de Aragón o de Villena, identificado erróneamente con los marqueses, practicaba aquí sus artes de nigromante, aunque en realidad estos sótanos se corresponden a unos baños litúrgicos judíos como demuestran las excavaciones arqueológicas realizadas.

El museo recoge una gran colección de obras pictóricas del Greco, destacando *El Apostolado,* segundo que se conserva en Toledo de los tres que han llegado completos, y la *Vista y plano de Toledo,* cuyo plano es el primero levantado de la ciudad, de gran utilidad para los historiadores. Además de cuadros del Greco, el museo también conserva obras de artistas de primer orden como Tristán, Ribalta, Murillo, Valdés Leal y otros.

| SINAGOGA DEL TRÁNSITO ✶✶

Al otro lado de la calle se halla la sinagoga del Tránsito, que alberga el **Museo Sefardí**. Formaba parte del palacio construido en el siglo XIV por Samuel ha-Leví, tesorero del rey Pedro I de Castilla. Tal como han confirmado las últimas excavaciones, la sinagoga se levantó sobre dos casas de la judería, datadas entre los siglos XII-XIII, que organizaban sus estancias alrededor de un patio y quizás fueron la base sobre la que se erigió el palacio. Tras la expulsión de los judíos en el año 1492, la sinagoga se transformó en una iglesia cristiana bajo la advocación de san Benito y administrada por los caballeros de la Orden de Calatrava. Sin embargo siempre ha sido conocida como Santa María del Tránsito por un bello cuadro de Correa de Vivar que hoy se exhibe en el Museo del Prado. Excepto por algunos enterramientos realizados durante su etapa como iglesia, no sufrió modificaciones, conservándose las inscripciones hebraicas de sus muros.

Es un salón rectangular, con una tribuna en el lado derecho que se utilizaba como oratorio de las mujeres. Se ilumina con ventanas caladas de arcos apuntados, sencillas al exterior, que por dentro se cobijan en arcos lobulados; están integradas en una arquería corrida apoyada en columnillas de mármol policromado. El testero está ricamente decorado a partir de un hueco central donde, tras una triple arcada polilobulada, se guardaría la *Torah* o Libros Sagrados; todo ello se enmarca en una yesería policromada con organización de *sebka* por medio de arcos mixtilíneos dobles. En los tableros laterales se pueden ver los lirios y castillos, emblemas del constructor. Sobre ellos se encuentra un friso de mocárabes que en los laterales cambia su decoración por hojas de vid y roble. Las abundantes inscripciones hebraicas que recorren frisos y tableros aluden a pasajes del Salterio, aunque también se encuentran otras pequeñas en árabe. En la cabecera dos lápidas alaban a Samuel Leví. Toda la decoración de yeserías está realizada en estilo nazarí, enriquecido con las inscripciones citadas y con motivos vegetales propios del gótico.

Las paredes, sin decorar, se engalanan en fechas señaladas con ricas telas donadas por benefactores sefarditas, dando a la sinagoga el ambiente que tuvo en otros tiempos. En el suelo, junto a la cabecera, se conserva un fragmento del bello pavimento original. La cubierta es una magnífica armadura de par y nudillo, de limas mohamares, realizada en madera de pino con incrustaciones de nácar. Es el mejor **artesonado** mudéjar construido en Toledo.

⊙ C1-2

Sinagoga del Tránsito. Museo Sefardí

✉ Samuel Leví, s/n.

☎ 925 223 665.

🖥 www.cultura.gob.es/ msefardi/home.html

⊙ De martes a sábado de 9.30 h a 20 h. Domingo y festivos de 10 h a 15 h. Cierra los lunes.

🎫 3 € (sábado a partir de las 14 h y domingo, gratis).

▼ Detalle del artesonado y las yeserías de la sinagoga del Tránsito.

Las dependencias anejas a la sinagoga son las salas del **Museo Sefardí.** Los objetos que se exhiben, antiguos y modernos, sitúan al visitante en el ambiente medieval de los judíos sefarditas, sobre todo en relación con las fiestas tradicionales hebreas como *Purim, Hanukkah, Sukkot,* o en las correspondientes al ciclo vital como la circuncisión, el matrimonio, la muerte, etc. Gran parte de los objetos ha sido donada por miembros de la comunidad sefardita dispersa por todo el mundo, gracias a la labor del Patronato del museo. Como piezas de interés se pueden citar la famosa pileta trilingüe (en hebreo, latín y griego) con representación de pavos reales, una *menorah* y otros símbolos; junto a ella otros objetos litúrgicos o decorativos reproducen el entorno habitual en el que vivían los sefarditas de ayer y de hoy.

Vista la sinagoga, conviene disfrutar de uno de los escasos parques toledanos, el del Tránsito, para descansar sobre los gratos horizontes de los Cigarrales que se levantan sobre las escarpadas laderas del río Tajo.

La visita continúa en dirección a la plaza de Barrionuevo, aunque antes de llegar a ella conviene desviarse a la izquierda, para admirar las obras del escultor palentino Victorio Macho, quien legó a la ciudad de Toledo una importante muestra de su escultura que se encuentra en el **Museo Victorio Macho.**

SINAGOGA DE SANTA MARÍA LA BLANCA ★★

Pasada la plaza de Barrionuevo, una tapia con jardín oculta la otra sinagoga conservada. Es la más antigua de las que aún se pueden ver en Toledo.

Fue construida en tiempos de Alfonso VIII y ha llegado a nosotros en buen estado, a pesar de los múltiples usos a que ha sido destinado el edificio desde que, en el año 1411, se convirtiese en ermita cristiana bajo la advocación de Santa María la Blanca, gracias a las predicaciones de San Vicente Ferrer. En el siglo XVI se convirtió en Refugio de la Penitencia para mujeres arrepentidas, montándose entonces en su cabecera un retablo plateresco hoy eliminado. Fue de nuevo capilla hasta el siglo XVIII en que, por su escaso uso, se utilizó como cuartel militar. En la primera mitad del siglo XIX fue un simple almacén del Ejército, hasta que en 1850 fue cedida a la Comisión de Monumentos, quien procedió entonces a su restauración. Excavaciones realizadas con posterioridad desenterraron interesantísimos frescos.

🕐 D1

Museo Victorio Macho.
Real Fundación de Toledo

🖂 Plaza de Victorio Macho, 2.
☎ 925 284 225.
🌐 www.realfundaciontoledo.es
🕐 De domingo a miércoles, de 10 h a 14 h; de jueves a sábado, de 11 h a 18 h; festivos, consultad.
🎫 5 €.

🕐 C1

Sinagoga de Santa María la Blanca

🖂 Reyes Católicos, 4.
☎ 925 227 257.
🌐 https://toledomonumental.com/sinagoga-de-santa-maria-la-blanca/
🌐 https://turismo.toledo.es/
🕐 Abierto de lunes a domingo. Del 1 de marzo al 15 de octubre, de 10 h a 18.45 h. Del 16 de octubre al 28 de febrero, de 10 h a 17.45 h.
🎫 4 €.

Es un templo de planta irregular, de cinco naves separadas por arcos de herradura que se apoyan sobre los pilares ochavados. La unión entre los arcos y los pilares la realizan unos capiteles de grandes proporciones, decorados con piñas entrelazadas por cintas. La diferente altura de sus naves permite que, sobre los arcos, corra una arquería polilobulada ciega. Los esquemas generales de la decoración corresponden al estilo traído por los almohades desde el norte de África, en el siglo XII, lo que no deja de ser curioso al tratarse de un templo hebreo en una ciudad cristiana.

En su interior se combinan equilibradamente los temas vegetales con las trazas geométricas, tanto en los capiteles como en las albanegas de los arcos y, sobre ellas, en los frisos que recorren el templo.

▲ Interior de la sinagoga de Santa María la Blanca.

| SAN JUAN DE LOS REYES ★★

De nuevo en la calle, se puede ver el edificio que alberga la **Escuela de Artes y Oficios**. Es una muestra de cómo puede integrarse en la ciudad un buen edificio neomudéjar de principios del siglo XX. Tras él aparece la airosa estructura de la **iglesia de San Juan de los Reyes**.

La iglesia y el convento fueron construidos en 1476 por los Reyes Católicos para conmemorar su victoria en Toro sobre las tropas portuguesas que defendían el derecho al trono de Juana la Beltraneja, y con la intención de que sirviese para su enterramiento, por lo que quisieron constituir un cabildo. Los canónigos de la catedral manifestaron su opo-

🕐 C1
San Juan de los Reyes
✉ Reyes Católicos, 17.
☎ 618 049 226.
🌐 www.sanjuandelosreyes.org
🌐 https://toledomonumental.com
🕐 Abierto todos los días. Del 1 de marzo al 15 de octubre, de 10 h a 18.45 h. Del 16 de octubre al 28 de febrero, de 10 h a 17.45 h.
🎫 4 €.

sición a este proyecto para evitar la duplicidad de cabildos en la ciudad. Esta resistencia, unida a la conquista de Granada, motivó que los Reyes Católicos dispusieran su enterramiento en la capital del reino por ellos conquistado, cediendo San Juan de los Reyes a la orden franciscana.

El arquitecto Juan Guas levantó aquí su obra maestra, un ejemplo típico de gótico flamígero que, desde tierras flamencas, había traído poco antes a la catedral toledana Hanequín de Bruselas.

Instalados los franciscanos, lograron formar una famosísima biblioteca de códices y manuscritos; parte fue quemada junto con el resto del convento por los soldados de Napoleón durante la Guerra de la Independencia. También utilizaron como leña para calentarse el retablo mayor. Tras la exclaustración de los frailes en 1836 la iglesia acogió a la parroquia de San Martín y desde 1846 en el claustro se instaló el Museo Provincial. Después de la Guerra Civil, se reconstruyó el convento, volviéndose a instalar los franciscanos en 1954.

El exterior es de una gran sobriedad, destacando solo los pináculos que coronan los estribos y su **portada** tardía, del siglo XVII, construida por Juan Bautista Monegro. Despiertan la curiosidad unas cadenas sujetas a la pared del templo. Corresponden a los grilletes de los cristianos cautivos en el reino de Granada que fueron liberados por los Reyes Católicos y, como muestra de agradecimiento, los colocaron aquí.

El templo consta de una sola nave muy ancha con capillas entre los estribos; los brazos del crucero no rebasan el ancho de la nave y la **capilla Mayor** es ochavada. Sobre el crucero se levanta un cimborrio que inicialmente fue proyectado con mucha mayor altura, resultando quizá algo desproporcionado con la majestuosidad de la nave.

En la decoración destacan los grandes escudos de los monarcas sostenidos por el águila de San Juan, con los emblemas de Isabel y Fernando, decoración muy apropiada a su destino inicial como mausoleo regio. No menos rico es el **claustro** de arquerías mixtilíneas y tracerías flamígeras con abundancia de elementos decorativos. Su galería alta se cubre con **artesonado** bellamente pintado, cuyos motivos principales vuelven a ser los escudos.

En la plaza se puede ver la fachada almenada del palacio de los duques de Maqueda. Si se dispone de ánimo y automóvil se puede iniciar desde aquí la visita a las murallas y puertas de la ciudad.

En caso contrario es preferible volver sobre los

propios pasos, subiendo por la calle del Ángel para completar la visita de la judería. En el comienzo de la calle llama la atención un pequeño arco de herradura en ladrillo bajo un cobertizo: es uno de los parajes más típicos de este barrio. Sorteando los automóviles que bajan por esta calle, una de las principales salidas de la ciudad, se puede ver, en una **hornacina** a media altura, el pequeño ángel gótico que le da nombre. Al final, tras pasar bajo un cobertizo conventual, se llega a la calle de Santo Tomé donde se puede terminar el paseo reponiendo fuerzas con alguno de los exquisitos dulces típicos de una de las pastelerías más afamadas.

▼ Vista del monasterio de San Juan de los Reyes desde el puente de San Martín.

▼ Termas romanas.

ITINERARIO COMPLEMENTARIO

CALLE DE LA TRINIDAD

Siguiendo la cuesta de la Ciudad se llega a la calle de la Trinidad. En el número 8 se alza el **palacio de los condes de Oñate,** que conserva una buena portada renacentista y un interior adornado con un zócalo de azulejos talaveranos. En el 10 se ubica el **Archivo Histórico Provincial,** instalado en lo que fue convento de dominicas de Jesús y María, que permite contemplar las dos crujías de un patio del siglo XVI. A su lado se sitúa la **iglesia** monástica, trazada en 1595 por Nicolás de Vergara *el Mozo* y hoy convertida en sala de exposiciones.

En la acera opuesta aparece la portada barroca de la **capilla de la Inmaculada,** que forma parte del palacio Arzobispal, y algo más allá, la **iglesia de San Marcos,** único resto existente del que fuera convento de trinitarios calzados. A día de hoy está desacralizado y funciona como centro cultural dependiente del Ayuntamiento toledano.

PLAZA DE AMADOR DE LOS RÍOS

Concentra este recinto urbano una monumentalidad acusada, pues a él se asoman el **capilla de San Felipe Neri,** único resto conservado de la parroquia de San Juan Bautista, las termas romanas y el hospital del Nuncio Viejo.

Las **termas romanas** descubiertas en los sótanos de la casa que ocupa el número 6, junto a las llamadas termas del garaje ocultas en la misma plaza, los restos romanos de Alfonso X y las estructuras abovedadas presentes en Nuncio Viejo 19, permiten suponer que en la zona había un gran complejo termal en época alto imperial (siglo I-II d. C.), varios depósitos de agua y diversas canalizaciones. Desde 2013, el oratorio, convertido en un nuevo espacio cultural, brinda la posibilidad de asomarse a una parte de las termas romanas del siglo I que se extienden por la plaza.

Mucho interés posee el patio toledano que pertenece al **hospital de Nuncio Viejo,** así llamado por haber sido fundado a finales del siglo XV por el nuncio del papa Sixto IV. Completan sus atractivos unas pinturas del siglo XVI en las techumbres del primer piso y un arco con yeserías mudéjares.

CUEVAS DE HÉRCULES

De la plaza de Amador de los Ríos nace la calle de San Ginés que, a su vez, conduce al callejón del mismo nombre. Aquí sorprende al visitante uno de los vestigios arqueológicos más enigmáticos y generadores de leyendas. Se trata de las Cuevas de Hércules, que no son otra cosa sino el conjunto de bóvedas y arcos romanos que formaban un depósito donde se almacenaba el agua traída desde la presa de Mazarambroz.

Tras la intervención impulsada por el Consorcio de Toledo, la visita permite conocer no solo los restos arqueológicos descubiertos en las excavaciones sino los sucesivos edificios que ocuparon este espacio: una mezquita de nueve cúpulas y la iglesia de San Ginés, que llegó a tener todos los elementos propios de un templo cristiano: capillas, sacristía, torre y patio.

| IGLESIA DE SAN ILDEFONSO ✱

En la plaza del padre Juan de Mariana, que fue ampliada en el siglo XVII para dotar de perspectivas al templo de los jesuitas, se alza la iglesia de San Ildefonso. El conjunto formado por las dos torres de ladrillo y la gran cúpula constituye una de las estampas típicas de la ciudad. Cúpula que entabla diálogos de altura con la no muy lejana torre de la catedral o con las torres del Alcázar. Cúpula que impone su preeminencia arquitectónica, su volumen esférico, sobre el silencio de la plaza que dormita a sus espaldas. Las trazas del edificio son de Pedro Sánchez, aunque seguramente se modificaron durante el largo desarrollo de las obras, realizadas entre 1619 y 1765.

Es la mejor iglesia barroca de la ciudad, ejemplo de construcción jesuítica tanto en las proporciones como en la decoración, concebida para alabanza y propaganda de la Compañía con las figuras de sus santos en hornacinas. La modificación del proyecto original se aprecia en la disonancia de las torres respecto al resto de la fachada. El espacioso interior, de tres naves con amplio crucero, acoge perfectamente integrados retablos e imágenes dentro del más puro estilo barroco. Desde el interior, se puede subir al **mirador** instalado en las torres para desde allí contemplar la ciudad con una nueva perspectiva.

| CONVENTO DE LA MADRE DE DIOS ✱

Frente a un lateral de la iglesia de San Ildefonso se sitúa el convento de la Madre de Dios, complejo de edificios que, tras la restauración terminada en 2005, acoge la sede de la Facultad de Ciencias Políticas y Sociales de la Universidad de Castilla-La Mancha. Muestra una espléndida portada mudéjar del siglo XIV y un claustro de planta trapezoidal de dos alturas. El convento fue fundado a finales del siglo XV por las hijas del conde de Cifuentes.

🕐 C2
Iglesia de San Ildefonso

✉ Plaza Padre Juan de Mariana, 1.
☎ 925 251 507.
🔗 https://toledomonumental.com
🕐 Horario: todos los días de 10 h a 17.45 h (a 18.45 h en verano).
🎟 4 €.

▼ Interior de la iglesia de San Ildefonso.

⊙ B2
Casa de Mesa
Real Academia de Bellas
Artes y Ciencias Históricas
✉ Plata, 20
☎ 925 214 322.
🌐 www.realacademia
toledo.es

⊙ C2
Monasterio de
San Pedro Mártir

▼ Cúpula de la iglesia de
San Ildefonso y torre de
San Pedro Mártir.

CASA DE MESA ✱

Al bordear el edificio por la calle de San Román, se llega hasta una placita recoleta en la que abren sus puertas dos edificios.

Uno es sencillo, de estilo mudéjar, con una yesería bajo un tejaroz, que corresponde a la sede de la **Real Academia de Bellas Artes y Ciencias Históricas,** aunque en realidad se trata de una entrada trasera de la Casa de Mesa. Esta es un antiguo palacio, muy modificado, del que solo se conservan dos restos interesantes, su **portada** principal renacentista, frente a la iglesia de San Román, y un magnífico **salón** donde la Academia celebra sus sesiones. Este se abre al patio a través de un arco angrelado y profusamente decorado con yeserías, elementos que se repiten en el interior; la decoración de las paredes la forman magníficas labores talladas en yeso, con motivos vegetales y geométricos; se cubre con un **artesonado** de siete paños de la mejor tradición mudéjar, de la segunda mitad del siglo XIV, fecha en la que se erigió este salón.

MONASTERIO DE SAN PEDRO MÁRTIR

Al otro lado de la placita se encuentra la portada de la iglesia conventual de San Pedro Mártir. Fue comenzada en 1605 de acuerdo con el proyecto elaborado por Nicolás de Vergara *el Mozo* y terminada por Juan Bautista Monegro. De los tres claustros

La mano horadada

La conquista de Toledo por Alfonso VI, hecho de gran trascendencia para la historia y el arte de la ciudad, ha dado lugar a innumerables leyendas. La más conocida ocurre cuando Alfonso, huido de los reinos cristianos, se refugió en Toledo recibiendo la hospitalidad del rey Almamún. Cierto día, cuando los notables musulmanes departían en la Huerta del Rey, Alfonso se hizo el dormido y escuchó decir al rey mismo que Toledo, considerado como inexpugnable, solo podía ser tomado tras un cerco de siete años y después de asolar los territorios circundantes. Almamún, percatándose de la presencia de Alfonso y temiendo las consecuencias de su indiscreción, para comprobar si dormía efectivamente mandó derramar plomo derretido en la mano de su huésped, lo que este soportó con valor y templanza. Desde entonces, Alfonso VI sería llamado "El de la mano horadada". También se dice que para la conquista de Toledo, Alfonso contó con la decisiva ayuda de los mozárabes del interior. *El hijo por engaño y toma de Toledo* es una comedia atribuida a Lope de Vega, basada en la leyenda.

que tiene, destaca el Real, uno de los más bellos que se pueden encontrar en Toledo. El edificio está ocupado por la Universidad de Castilla-La Mancha.

IGLESIA DE SAN ROMÁN ✳

Se adosa a este convento por dos de sus costados la iglesia de San Román, una de las más antiguas de Toledo. Es de estilo mudéjar, con una perfecta simbiosis de elementos artísticos musulmanes y cristianos. Se desconoce si la fundación del templo pudiera tener un origen romano, visigodo o musulmán, como apuntan diversas teorías, basadas en los distintos elementos que aparecen en su construcción. Sí se sabe por un documento mozárabe que ya existía en el año 1125, aunque posiblemente el aspecto actual se deba a la reconstrucción del año 1221 llevada a cabo por el arzobispo don Rodrigo Jiménez de Rada.

Es una iglesia de tres naves, separadas por tres arcos de herradura de tipo califal sostenidos por columnas de mármol y capiteles, visigodos unos, mozárabes otros y solo uno de tradición bizantina. La cabecera es tripartita, los laterales son planos y el ábside central poligonal fue modificado en el siglo XVI por Covarrubias, cubriéndolo con una cúpula de casetones, todo ello adornado con decoración renacentista. Sobre los arcos de herradura divisorios se levanta una galería alta con ventanas semicirculares como las de la sinagoga de Santa María la Blanca o la iglesia de Santa Eulalia.

🕐 C2
Iglesia de San Román.
Museo de los Concilios
y la Cultura Visigoda

✉ San Román, s/n.
☎ 925 227 872.
🔗 https://turismo.toledo.es
🕐 De martes a sábado de 10 h a 14 h y de 16 h a 18 h. Domingo de 9 h a 15 h.
🎫 2 €.

▼ Torre e interior de la iglesia de San Román, que acoge el Museo de los Concilios.

El exterior es de ladrillo y mampostería, con la típica decoración mudéjar de arcos de medio punto, de herradura, polilobulados, etc. La torre, primitivamente exenta, es de planta cuadrada, con los mismos elementos decorativos, y data de finales del siglo XIII o principios del XIV.

Todo el interior tuvo que estar decorado con pinturas realizadas en el siglo XIII, que se descubrieron en una restauración realizada en los años 1940 y 1941. Su configuración es la típica románica: trazo rotundo, tintas planas, figuras monumentales y detalles naturalistas. La iconografía representa a Adán y Eva, el Paraíso, el Pantocrátor, los evangelistas, santos, ángeles y profetas, todas ellas magníficamente ejecutadas dentro de la típica senillez románica que tanta belleza logra.

En 1968 se destinó a **Museo de los Concilios y de la Cultura Visigoda.** En sus vitrinas se pueden observar las reproducciones de parte del tesoro de Guarrazar, hallado en 1859 y desperdigado por varios museos tanto nacionales como extranjeros. Las seis coronas votivas que se pueden ver, entre las que destaca la de Recesvinto, son copias de las conservadas en el Museo Arqueológico de Madrid. Así mismo se exhiben códices y escritos pertenecientes a la cultura de los concilios y numerosos restos visigodos: frisos, impostas, cimacios, hornacinas, etc. También hay ajuares funerarios extraídos en 1924 de la necrópolis visigoda de El Carpio de Tajo. Están compuestos por piezas de orfebrería, principalmente, broches de cinturón, fíbulas, puñales y cuentas de collar, entre otras.

CONVENTO DE SAN CLEMENTE

En esta misma calle se puede ver la entrada del convento de San Clemente, que era, después de la catedral, el mayor terrateniente eclesiástico del Arzobispado, hasta que fue desposeído como otros muchos durante la desamortización del siglo XIX. Fue fundado en el siglo XII, conservándose en la clausura buenas salas mudéjares, aunque fue reformado en profundidad durante los siglos XVI y XVII.

La capilla fue modificada siguiendo trazas de Alonso de Covarrubias, levantando Nicolás de Vergara y Juan Bautista Monegro los claustros interiores. La bella **portada** plateresca también es de Covarrubias. En la actualidad alberga un Centro Cultural en el que se realizan exposiciones.

El itinerario continúa ahora hacia la plaza de Valdecaleros por un corto tramo de la calle del Cobertizo de San Pedro. Adentrándose por ella se puede ver una de estas típicas construcciones toledanas que pasan por encima de la calle para unir dos edificios de un mismo propietario, respetando siempre la altura mínima de un caballero sobre su cabalgadura.

I LA CASA DE LAS CADENAS ✱

Desde la plaza de Valdecaleros se puede ir a la iglesia de Santo Tomé por el callejón de Bodegones, de un atractivo sabor medieval, o seguir por la calle de las Bulas. En ella se encuentra la Casa de las Cadenas, antigua sede de un Museo de Arte Contemporáneo, aunque actualmente solo se puede admirar la fachada del edificio. Es una calleja siempre en calma, de poco tránsito, umbría y recatada. El nombre de la calle nació por haberse vendido en una de sus casas las bulas que tanta influencia tuvieron en el nacimiento del protestantismo.

El nombre de la casa hace alusión a unas cadenas que hubo empotradas en la fachada hasta el año 1919, indicativas de que en ella se ofrecía el derecho de asilo a los perseguidos por la justicia. El edificio se levantó en el siglo XVI y es un ejemplar representativo de la vivienda tradicional toledana, mezclando mampostería y ladrillo en sus muros, con abundante madera en las galerías abiertas del patio central. Todas las cubiertas de las habitaciones se realizan con artesonados y techumbres de madera, talladas y pintadas algunas de ellas, mientras las paredes encaladas se adornan con yeserías mudéjares alrededor de los vanos y con textos religiosos; incluso una de las habitaciones, probablemente destinada a estrado para las damas, conserva una de sus paredes pintadas al temple con motivos paisajísticos encantadores.

I IGLESIA DE SANTA EULALIA

Desde la Casa de las Cadenas se llega a la plaza de la Cruz, donde se puede decidir la siguiente visita.

Por la derecha una corta subida conduce a una plaza irregular, en cuyo fondo se abre la puerta de la iglesia de Santa Eulalia entre las sombras de unas acacias. Es un pequeño templo de origen visigodo, usado todavía como parroquia por la comunidad mozárabe. Está dispuesto en tres naves sobre arcos de herradura, apoyados en columnas con capiteles visigodos.

I REAL COLEGIO DE DONCELLAS NOBLES

Otro posible camino parte de la plaza de la Cruz y desemboca frente al colegio de las Doncellas, tras pasar un largo cobertizo cuya entrada está adornada

● C2
Casa de las Cadenas

◄ ● C2
Convento de San Clemente

● B1-2
Iglesia de Santa Eulalia

● B1-2
Real Colegio de Doncellas Nobles

▲ Convento de Santo Domingo el Antiguo, al fondo de la empinada calle de Santa Leocadia.

con una viga tallada con decoración mudéjar sobre el portal de una casa inmediata.

El colegio fue fundado en el siglo XVI por el cardenal Silíceo para educar a las futuras madres de familia. Estas debían probar antes su limpieza de sangre, demostrando que entre sus ascendientes no figuraban moriscos ni judíos. El edificio actual es obra del arquitecto Ventura Rodríguez, levantado en el siglo XVIII por decisión del siempre activo cardenal Lorenzana. La unión con una casa situada al otro lado de la calle, propiedad de la institución, se produce por medio de uno de los últimos cobertizos construidos en Toledo a fines del siglo XIX, que se diferencia de los restantes por estar realizado con hierro y no con la madera habitual.

⬤ B1
Convento de Carmelitas Descalzas

CONVENTO DE CARMELITAS DESCALZAS

Subiendo por la cuesta de Santa Leocadia se deja a la izquierda el cerro de la Virgen de Gracia, desde cuya altura se disfruta de una hermosa panorámica de la vega del Tajo, con la iglesia y convento de San Juan de los Reyes en primer término. La cuesta de Santa Leocadia termina en la plaza de las Carmelitas, donde abre su puerta este convento fundado por santa Teresa de Jesús. Fachada barroca del siglo XVII, la iglesia es del mismo estilo, espaciosa y sencilla, con algunos buenos retablos y cuadros.

NUNCIO NUEVO

La estrecha calle Real sube hasta el monumental edificio del Nuncio Nuevo, que fue restaurado para ser utilizado como sede de algunos organismos de la Junta de Comunidades. Es llamado así porque, en el siglo XV, el nuncio Francisco Ortiz fundó un hospital para dementes en su propia casa, situada en la calle del Nuncio Viejo.

En el siglo XVIII, el cardenal Lorenzana mandó construir otro edificio, ya que el antiguo hospital había quedado insuficiente. Es una obra neoclásica erigida alrededor de cuatro patios según la tipología de los hospitales de la época.

PALACIO DE LA DIPUTACIÓN PROVINCIAL

Por la calle Real arriba se llega al palacio de la Diputación Provincial, alzado en el siglo XIX según las trazas del arquitecto Ortiz de Villajos sobre el solar que en tiempos ocupó el convento de frailes de la Merced. Dicho convento casi destruido durante la invasión francesa, sirvió durante algún tiempo de cárcel hasta que fue demolido para edificar el palacio actual.

IGLESIA DE SANTA LEOCADIA

Frente a la Diputación hay una empinada cuesta que se cierra con la bella **portada** de la iglesia de Santa Leocadia.

Como muchos templos toledanos, armoniza un exterior mudéjar, apreciable en la portada, torre y ábsides, con un interior renacentista de bóvedas de cañón sobre arcos de medio punto. El autor de la primera reforma fue Juan Bautista Monegro, aunque volvería a modificarse en el barroco. Lo mejor del templo es su **torre** del siglo XIV, que conserva aspectos de un alminar.

CONVENTO DE SANTO DOMINGO EL ANTIGUO ✱

En la plaza inmediata se levanta el convento de Santo Domingo el Antiguo, llamado así para diferenciarlo del de Santo Domingo el Real. Fue el primer monasterio fundado en Toledo y cuenta con restos visigóticos.

En el siglo XVI sería ampliada la iglesia según los planos de Herrera, que sustituyó a Vergara *el Mozo.* En los retablos de la iglesia trabajó El Greco (cuyos restos mortales se cree que se encuentran en una cripta de la iglesia), autor de los lienzos de los *Santos Juanes* situados en el retablo mayor y de la *Resurrección de Cristo ante san Ildefonso,* visible en el retablo que se halla al lado de la epístola.

● ● ● ● ● ● ● ●

🕐 B1
Nuncio Nuevo

● ● ● ● ● ● ● ●

🕐 B2
Palacio de la Diputación Provincial

● ● ● ● ● ● ● ●

🕐 D2
Iglesia de Santa Leocadia

● ● ● ● ● ● ● ●

🕐 B2
Convento de Santo Domingo el Antiguo

✉ Plaza de Santo Domingo el Antiguo, s/n.
☎ 925 222 930.
🕐 Horario: de lunes a sábado, de 11 h a 13 h y de 16 h a 19 h. Domingo y festivos, de 16 h a 19 h.

▼ Iglesia de Santa Leocadia; detalle de la portada.

· · · · · · · ·
◉ B2
Convento de las Capuchinas

CONVENTO DE LAS CAPUCHINAS

Saliendo de la plaza por la estrecha calle de San Ildefonso, se encuentra la casa donde vivió durante una temporada el poeta Gustavo Adolfo Bécquer. Todavía reverdece el laurel que él mismo plantó. Al final de la calle se localiza uno de los ensanches que los toledanos llaman plaza, donde destaca el volumen de la iglesia del convento de las Capuchinas, levantado en el siglo XVII según trazas de Bartolomé Sombigo por decisión del cardenal Aragón, que allí dispuso su enterramiento. Su escudo de armas se usa como elemento decorativo tanto en el interior como en el exterior.

· · · · · · · ·
◉ B2
Convento de Santo Domingo el Real

CONVENTO DE SANTO DOMINGO EL REAL

La calle de los Aljibes, jalonada de portadas señoriales, rodea los museos monásticos hasta desembocar en la plaza del convento de Santo Domingo el Real, uno de los más grandes de Toledo. La quietud y calma del ambiente de esta plaza permite escuchar los cánticos y oraciones de las cercanas comunidades religiosas. Este silencioso ambiente se extiende por las calles próximas, habitualmente poco transitadas, ya que la mayoría de su vecindario está constituido por frailes y monjas de clausura: capuchinas, dominicas, clarisas, comendadoras de Santiago y frailes carmelitas.

Tras el atrio, asomado a la plaza, se esconde la iglesia monástica del convento de Santo Domingo el Real, que fue iniciada en el siglo XVI y guarda diversos retablos y un coro repleto de obras de arte. La vida religiosa se organiza en torno a tres claustros, de los cuales uno de ellos, el conocido con el nombre de **claustro de la Mona,** se puede visitar. Ocupado desde 1935 por las monjas Comendadoras de Santiago, esconde un **conjunto de azulejería*** de gran valor artístico e histórico (siglo XVI).

· · · · · · · ·
◉ B3
Mezquita del Cristo de la Luz
✉ Cristo de la Luz, 22.
☎ 925 254 191.
🖳 https://turismo.toledo.es
🖳 https://toledomonumental.com
◉ De lunes a domingo de 10 h a 18.45 h, a 17.45 h en invierno.
🎟 4 €.

MEZQUITA DEL CRISTO DE LA LUZ   ✷✷

A excepción del ábside y el crucero, que se construyeron en el siglo XII, es un edificio musulmán. Fue levantado bajo la dirección de Musa ibn'Ali y de Sa'ada y el patrocinio de Ahmed ibn Hadidi, miembro de una de las familias más prestigiosas de Toledo durante el período califal. Estos datos se conocen por la inscripción que aparece en una de sus fachadas.

Su planta, casi cuadrada, está dividida por cuatro columnas que soportan capiteles visigodos y arcos de herradura y configuran tres naves paralelas cruzadas por otras tres, se crean así nueve espacios cubiertos por otras tantas bóvedas; entre ellas destaca la central por su mayor altura. Sobresalen las **bóvedas** por ser lo más destacado del edificio. Son todas distintas, están formadas por nervios que no se cruzan en el centro y es evidente su inspiración en la mezquita de Córdoba.

Sus **fachadas**, divididas en tres cuerpos, ofrecen al exterior una gran diversidad decorativa que combina el ladrillo y la mampostería. Destacan sobre todo dos; la que da a la calle del Cristo de la Luz tiene un primer cuerpo con arco lobulado y de herradura, sobre el que se levanta un cuerpo con decoración de arcos de herradura entrecruzados. El tercer cuerpo está formado por una red de rombos y una inscripción en caracteres cúficos. La fachada noroeste, que es la que correspondería a la fachada principal, se compone de un primer cuerpo de tres arcos de herradura, un segundo con arcos de medio punto y un tercero de arcos de herradura prolongados e inscritos en arcos trilobulados, y sobre ellos dos franjas de ladrillos en esquinilla. El ábside es mudéjar y su interior está decorado con pinturas románicas. En el exterior, un tramo de calzada romana y un pequeño centro de interpretación.

La leyenda que explica su nombre se remonta a la conquista de Toledo por el rey Alfonso VI. Vencida la ciudad, el rey –según otras versiones, el Cid Campeador– hizo su entrada por la puerta

▲ Interior (detalle de las
▼ bóvedas) y el restaurado
exterior de la Mezquita
del Cristo de la Luz.

de Bisagra Vieja, actualmente llamada de Alfonso VI, y al pasar por delante de la mezquita su caballo cayó de rodillas al llegar al punto señalado con una piedra blanca. Dando por supuesto el motivo sobrenatural de este comportamiento, se cavó en las proximidades hasta que, dentro de la mezquita, hizo su aparición milagrosa un crucifijo con una lamparilla de aceite encendida, que al parecer le había estado alumbrando durante los siglos de dominación musulmana en la ciudad. Ante semejante acontecimiento, se consagró la mezquita como iglesia, y en su interior se rezó la primera misa en acción de gracias por la victoria cristiana bajo la imagen del Crucificado recién descubierto.

▶ Una de las calles del casco antiguo de Toledo.

⊙ B2
Convento de Santa Clara la Real
✉ Plaza de Santa Clara, 6.
☎ 925 460 965.
🖥 www.santaclaratoledo.es
⊙ Sábado, de 10.30 h a 14 h y de 16 h a 18.30 h.
🖴 3 €.

❘ CONVENTO DE SANTA CLARA

Fundado en el siglo XIV dentro de los preceptos de la regla franciscana, el convento fue creciendo en dependencias y patios hasta que las reformas efectuadas en la iglesia durante el siglo XVII definieron su configuración actual. En el templo monástico hay dos artesonados de gran belleza y mérito (siglo XV) y varios retablos. En el coro se guardan tesoros artísticos de indudable interés.

TRES AGUAS EN EL CONVENTO DE SANTA CLARA

Una puerta de madera abierta en uno de los lados de la plaza permite acceder al convento de Santa Clara. Allí se muestra esta original obra escultórica de Cristina Iglesias, en la que el agua y el lecho de raíces metálicas vuelven a ser protagonistas. Como si el agua fuera atraída por una luna mágica y oculta, aparece lentamente por el lecho a modo de marea y, tras anegarlo por completo, lo abandona de manera gradual generando una música sutil solo perceptible en el silencio. Las celosías de las ventanas, que trasladan a los huecos la metáfora del tejido vegetal, contribuyen a crear un espacio íntimo y callado que invita a la reflexión personal. La visita la gestiona el Consorcio de Toledo.

Tres aguas Santa Clara
🔗 https://consorciotoledo.com

IGLESIA DE SAN VICENTE

Se alza en la plaza del mismo nombre una iglesia de origen visigodo que conserva de su fábrica mudéjar un ábside edificado a mediados del siglo XIII. Torre alzada en 1599. El interior, que guarda dos interesantes capillas renacentistas, presenta una cabecera con doble arquería de ladrillo. Actualmente, el templo se ha convertido en foro cultural y espacio alternativo que se conoce con el nombre de **Círculo de Arte de Toledo.**

🗺 B2
Iglesia de San Vicente

Círculo del Arte de Toledo
✉ Plaza de San Vicente, 2.
🔗 https://circuloartetoledo.org

CONVENTO DE LAS AGUSTINAS GAITANAS

Frente a la iglesia de San Vicente se levanta el convento de las Agustinas Calzadas, más conocido como las Gaitanas, pues fue mandado construir en el siglo XV por la esposa de don Lope Gaitán, doña Guiomar Meneses. Su interior está muy reformado, aunque destaca la **iglesia** barroca, del siglo XVII, y el grandioso cuadro de Ricci situado tras el altar mayor, bajo una airosa y original cúpula con forma de venera.

🗺 B2
Convento de las Agustinas Gaitanas

PALACIO LORENZANA

En la misma plaza sobresale el palacio Lorenzana, sede de la Universidad, levantado con este fin por el cardenal Lorenzana en el siglo XVIII, siguiendo las trazas del arquitecto Ignacio Haan. Además de su **fachada,** coronada con un escudo que muestra las armas del cardenal, merece la pena disfrutar del equilibrio espacial conseguido en su **patio** columnado interior.

🗺 B2
Palacio Lorenzana

MURALLAS, PUERTAS Y PUENTES

Aunque por su orografía Toledo es fácilmente defendible, estas condiciones naturales se fueron mejorando mediante la construcción de un recinto amurallado que la convirtió en una ciudad prácticamente inexpugnable. Se conserva la mayor parte de las murallas, perforadas en numerosos puntos por puertas que facilitan el paso (se han contado hasta veinte, aunque hoy se conservan menos), reforzadas por torreones y baluartes.

❙ PUERTA DE BISAGRA ✳

Para visitar el recinto amurallado se parte desde el principal acceso a la ciudad, la puerta de Bisagra. Su estructura actual es el resultado de una modificación realizada por Alonso de Covarrubias, bajo el reinado de Carlos V, consiguiendo una construcción más ornamental que defensiva, pues algunos de sus elementos, como las almenas, son simples adornos. Está formada por dos cuerpos separados por una plaza de armas.

◉ A2
Puerta de Bisagra

El exterior presenta una puerta con arco de medio punto almohadillado, flanqueada por dos torres semicirculares. Sobre el arco figura un monumental **escudo** de la ciudad, tallado en relieve sobre piedra granítica. Como ciudad real por excelencia, Toledo tiene el privilegio de no usar escudo propio, sino el de la casa reinante, colocado, eso sí, entre dos reyes sentados, que en este caso se sitúan sobre la superficie de los torreones laterales.

La puerta está coronada por un frontón sobre el que aparece la figura del ángel tutelar de la ciudad. Cuenta la leyenda que este ángel quiso impedir la entrada a la peste, hasta que esta explicó que tenía licencia para llevarse a cuatro. Cuando el ángel conoció que habían muerto cuatro mil personas, quiso recriminarle su actuación a la peste y esta justificó la situación diciendo que solo cuatro habían muerto por su causa pues el resto se los había llevado el miedo.

La pequeña plaza de armas, someramente ajardinada, está decorada por una estatua del emperador Carlos V. El otro cuerpo que conforma la puerta repite el esquema anterior, con dos torreones cuadrados en cuyo interior se conserva la puerta mu-

▼ Puerta de Bisagra.

▲ Puerta y puente
de Alcántara.

● ● ● ● ● ● ● ● ●

🕐 A3
**Puerta del Vado o
Puerta Nueva**

sulmana primitiva. Las dos **torres** están coronadas
por chapiteles, cubiertos de tejas vidriadas blancas y verdes. Hacia el interior también presenta
otro escudo imperial en piedra.

❙ **PUERTA DEL VADO**
Prosigue el cerco de murallas abrazando el barrio de
la Antequeruela y dejando en su trazado dos torres
singulares: el **mirador de la Reina,** cubo defensivo

con sillares en su base y un friso de ventanas en la parte superior, y la **torre de Antequera,** torre albarrana construida a finales del siglo XII. Completa el cinturón amurallado la **puerta del Vado** o puerta Nueva, gemela de la de Alfonso VI pero erigida un siglo más tarde, es decir, a finales del siglo XI. Gracias a los trabajos de rehabilitación, hoy se puede bajar hasta el nivel donde afloran las aguas que se filtran del Tajo y contemplar el arco de herradura principal y las mochetas por donde caía el rastrillo. Hay empresas de guías turísticos que incluyen el acceso a este patrimonio subterráneo de Toledo.

| PUENTE Y PUERTA DE ALCÁNTARA ✳

El de Alcántara es el primer puente sobre el Tajo que tuvo Toledo y el único durante muchos siglos. De origen romano, se aprecian todavía restos de la primitiva construcción en los arcos más próximos a la ciudad, aunque ha sido en varias ocasiones destruido y vuelto a levantar. En época medieval se protegieron sus dos accesos con **torreones,** de los que solo se conserva el interior pues el exterior fue sustituido por un **arco** en tiempos de Felipe V. Este flanco estuvo custodiado por el castillo de San Servando, que se levanta en el cerro extramuros (hoy convertido en albergue juvenil).

La entrada de la ciudad estaba protegida por una plaza de armas a la que se abrían tres puertas, cuatro con la que atraviesa el torreón. Las dos laterales desaparecieron y únicamente queda la puerta de Alcántara, de origen árabe aunque muy restaurada. Su estructura es la propia de las puertas con acceso en codo, ideadas por los musulmanes para facilitar su defensa. Es la principal entrada al Alficén (o Al-Hisan), recinto militar donde residían los gobernadores musulmanes. Desde la puerta de Alcántara, continúa la muralla por el lado norte de la ciudad, sirviendo de apoyo al convento de las Concepcionistas y ocultándose bajo el paseo del Miradero, donde aún se pueden ver algunos restos en su aparcamiento subterráneo. Estos lienzos y su continuación constituyen el primitivo recinto de origen visigodo.

Al otro lado de la puerta de Alcántara, hacia el sur, el muro sirve de contención al paseo del Carmen, donde antes estuvo el convento de los Carmelitas, que tuvieron durante algún tiempo encerrado entre sus muros al poeta y místico San Juan de la Cruz, quien huyó descolgándose por una ventana, hecho que se recuerda en un friso de cerámica que recoge uno de sus mejores poemas.

🅾 B4
Puente y puerta de Alcántara

⦿ C4
Puerta de Doce Cantos

⦿ D3
Casa del Diamantista

▼ Casa del Diamantista.

⏐ PUERTA DE DOCE CANTOS

Subiendo la cuesta se encuentra la puerta de Doce Cantos, hoy aislada al haber sido abierto el muro para facilitar el tráfico. Desde este lugar se disfruta de una buena panorámica del Tajo a su paso por los puentes de Alcántara, Viejo y Nuevo, y de Azarquiel. Casi en línea con la puerta y junto al río se ven los restos del acueducto romano. La muralla ha desaparecido porque nunca fue demasiado importante, puesto que la defensa natural del foso del Tajo no la hacía necesaria.

⏐ CASA DEL DIAMANTISTA

Si se sigue por la carretera de la cornisa interior y se desciende a la orilla del río, por la calle del Barco se llega a la plaza del Barco de Pasaje. En ella se levanta el **torreón del Hierro,** torre albarrana que incluía una puerta con el mismo nombre, hoy desaparecida. Al otro lado de la plaza se encuentra la denominada **casa del Diamantista,** así llamada desde el siglo XIX porque en ella vivió, hacia 1860, José Navarro, orfebre que, según la creencia popular, preparó la corona de Isabel II. La vivienda, ubicada en un entorno de postal romántica, conserva cierto sabor toledano que se expresa en el patio. Posee un balcón de madera asomado directamente al agua. Pertenece a la Confederación Hidrográfica del Tajo y se está rehabilitando para convertirla en centro de interpretación y espacio abierto a la cultura y el arte.

| BAÑOS DE TENERÍAS

Siguiendo la orilla del río se pasa por el molino del Hierro, que fue construido en el siglo XII y permaneció en uso hasta el XVII, y la isla de la Alcurnia, así llamada por ser el lugar donde se bañaban los prelados, hasta llegar a los baños de Tenerías, que se encuentran frente a la iglesia de San Sebastián y estaban relacionados con la primitiva mezquita más tarde ocupada por el templo cristiano. Allí también se situaba una de las puertas de entrada a la ciudad amurallada, que recibía el nombre de Adabaquín, es decir, de los curtidores. Los baños de Tenerías, construidos en el siglo X, cuentan con vestuario, sala templada, caliente y de reposo, alcobas, zona de calderas, aljibes e hipocausto. Los restos arqueológicos se pueden contemplar desde el exterior.

D2
Baños de Tenerías

| PUENTE DE SAN MARTÍN ✱

Fue construido en el siglo XIII para sustituir a otro de barcas que se encontraba aguas abajo y fue arrasado por una riada. Un siglo después de su construcción, en 1368, el puente fue destruido parcialmente para impedir la entrada en la ciudad de los partidarios del rey Enrique II de Trastámara, en su lucha contra el rey Pedro el Cruel, su hermanastro.

De la reconstrucción se encargó el arzobispo Pedro Tenorio, y con motivo de estas obras surgió la leyenda de la mujer del alarife. Según cuenta, días antes de su inauguración el alarife confesó a su mujer que temía el hundimiento de la obra cuando quitasen las cimbras que sujetaban el arco; ni corta ni perezosa esa misma noche prendió fuego al armazón de madera, achacando el hundimiento del puente al hecho fortuito del incendio, salvando así el honor de su marido. Como apoyo a la leyenda, se cita la efigie tallada en piedra sobre la clave del arco central que mira al norte, aunque en realidad se trata de la efigie del propio don Pedro Tenorio, impulsor de la obra.

Es un **puente** de cinco arcos, con uno central ojival de 40 m de ancho y 27 m de alto, una obra de ingeniería impresionante para su época. A ambos extremos está fortificado con dos torreones. El más próximo a la urbe luce el escudo imperial de la ciudad y en su interior, una imagen de la Virgen del Sagrario. El torreón exterior, mantiene casi íntegra su estructura militar y pureza arquitectónica. En épocas pasadas contaba también con otro torreón sobre el pilar más ancho. Desde 2016 a un costado del puente hay instalada una **tirolina** que gestiona la empresa Fly Toledo.

C1
Puente de San Martín

Fly Toledo (tirolina)
✉ Puente de San Martín, 2.
☎ 693 464 845.
🌐 www.flytoledo.com

BAÑO DE LA CAVA

Aguas abajo se conserva lo que se conoce como baño de la Cava, una construcción cuadrada y airosa a la orilla del río. El baño es en realidad el estribo mejor conservado de lo que fue un puente de barcas, reforzado con pilares dentro del cauce, de los que todavía aflora uno, volcado junto a este baño de la Cava. El puente fue destruido en el año 1203 por una riada extraordinaria.

Dominando el puente de San Martín, dentro de la ciudad, se observan varios **restos** de muralla fortificada con cubillos; los situados a mayor altura, que sirven de tapia al jardín del convento franciscano de San Juan de los Reyes, fueron con anterioridad parte de un antiguo castillo llamado de los Judíos, pues estos contaban con defensas propias dentro de la judería, con murallas y puertas que se cerraban cada noche.

PUERTA DEL CAMBRÓN

Desde el puente y hacia el norte, la muralla vuelve a rodear la ciudad por debajo de lo que era el convento de San Agustín, en la actualidad Instituto de Enseñanza Media. Desde este lienzo de muralla baja hasta el río una coracha para facilitar la defensa del puente. Subiendo junto al muro se llega a la puerta

B1
Puerta del Cambrón

◄ Puente de San Martín.

del Cambrón, así denominada por la cambronera, planta espinosa que crecía en sus inmediaciones y que llegó a arraigar sobre uno de sus torreones. Antiguamente se llamaba puerta de San Martín por su proximidad a la parroquia del mismo nombre, que estuvo situada en el solar ajardinado frente a San Juan de los Reyes.

Esta puerta repite el esquema de la de Bisagra, en menor proporción, con dos cuerpos separados por un patio central, rematados por pequeños torreones; fue reconstruida, como casi todas, en el siglo XVI, respetando los restos de cornisas romanas y cipos funerarios musulmanes que se aprovecharon en su construcción. Las cornisas se aprecian en el patio interior junto a la puerta de acceso a la ciudad. Los cipos sirven de arranque a los arcos exteriores de la otra puerta.

▌ TORREÓN DE LOS ABADES

Tras la puerta del Cambrón, la muralla continúa a lo largo del paseo de Recaredo, sirviendo de apoyo a numerosos edificios.

Próximo a la puerta destaca el torreón de los Abades, así llamado por la tradición que dice que fue defendido por el arzobispo don Bernardo y sus clérigos contra una razia musulmana. Del período

⊚ B1
Torreón de los Abades

árabe se conservan, empotrados en sus muros, restos muy deteriorados de piedras calizas talladas, que al parecer provenían de alguna construcción romana o visigoda de la Vega Baja, quizá de la basílica de Santa Leocadia.

**◉ A2
Puerta de Alfonso VI
o Antigua de Bisagra**

❙ PUERTA DE ALFONSO VI O ANTIGUA DE BISAGRA ✱

Pasado el convento de Carmelitas, la muralla se dividía en dos recintos, que en distintas épocas protegieron la ciudad. El interior, que desaparece por debajo del barrio de la Granja y solo aflora más allá del edificio de la Diputación, como apoyo y cimiento de construcciones conventuales, desde Santo Domingo el Real a los Carmelitas Descalzos, es el conocido como muro Azor, de claro origen visigodo. En él se abre la puerta de Valmardón, Bib-al-Mardon. El recinto exterior, obra de Alfonso VI, está hoy perfectamente visible junto al paseo de Recaredo, sobresale un poco y bordea la que fue huerta de recreo de los cardenales toledanos, hoy convertida en hotel. Esta zona está fortificada con varias **torres,** destacando un torreón poligonal sobre la Vega Baja para defender la puerta de Alfonso VI o Antigua de Bisagra, última del recinto amurallado exterior.

La puerta de Alfonso VI evidencia en su proceso constructivo dos elementos que guardan relación con los siglos en los que fueron utilizados: los sillares y la mampostería encintada y el ladrillo. Los sillares integran la parte musulmana de la puerta, levantada en época califal (siglo X). La mampostería encintada y el ladrillo fueron usados en la reforma mudéjar del siglo XIII, la cual afectó a la fachada exterior y a la estructura misma de la puerta, que adoptó forma de codo. Los arcos de ladrillo, la galería de ventanas, las almenas, la buharda y los rastrillos forman parte de los elementos defensivos introducidos por la reforma mudéjar.

**◉ B2-3
Puerta de Valmardón**

❙ PUERTA DE VALMARDÓN ✱

Tras cruzarla, dejando a la derecha la iglesia de Santiago del Arrabal, se observa en la ladera del peñón otro recinto militar. Se trata del muro Azor, que arrancaba en las proximidades del torreón de los Abades, continuaba medio enterrado por el paseo de la Granja y reaparecía bajo los conventos de Santo Domingo el Real y de los Carmelitas Descalzos; en este punto es posible aproximarse a él, pues aquí lo atraviesa la puerta de Valmardón, que también llaman Agilana o Aquilana.

Era un arco de herradura con grandes dovelas de piedra, que fueron retalladas posteriormente

▶ Puerta de Alfonso VI
o Antigua de Bisagra.

Chillida en Toledo

Desde el año 1800 en que se inaugura la puerta llana de la catedral de
Toledo, de estilo neoclásico, poco o nada se construyó en Toledo que
enriqueciera su monumentalidad. En la década de 1970 se inició un
proyecto para dotar a la ciudad de un museo de escultura contemporánea
al aire libre que significara la aportación al arte contemporáneo de Toledo.
El proyecto, promovido por un grupo de artistas toledanos –el Grupo
Tolmo–, no tuvo éxito pero al menos una muestra de la modernidad
quedó en la ciudad: una gran escultura en hormigón del artista universal
Chillida se alza junto a la puerta de Alfonso VI en contraste con la
antigüedad del entorno amurallado. Esta escultura fue la primera –y única
por ahora– de la colección que recogería los más importantes nombres
de la escultórica española y que, según el proyecto deberían situarse a lo
largo de la muralla entre las puertas de Alfonso VI y la del Cambrón.
La obra de Chillida se titula *Lugar de encuentros,* todo un símbolo para
el espíritu tradicional de Toledo.

para transformarlo en el arco de medio punto que hoy se puede ver. Por debajo de la calle donde se encuentra la mezquita del Cristo de la Luz, corre una alcantarilla romana de buena fábrica que, tras romper el muro, aparece a la vista en las inmediaciones de dicha puerta.

┃ PUERTA DEL SOL ✱

Desde este punto se aprecia una de las más hermosas puertas del recinto toledano, quizá la más reproducida en grabados e ilustraciones. Tiene la doble función de torre albarrana y puerta militar, pues la muralla, tras cruzarla, continúa por sus dos lados. Fue levantada durante el siglo XIV. Su construcción es de piedra, mampostería y ladrillo en el estilo mudéjar que caracteriza a casi toda la arquitectura toledana. Consta de dos cuerpos laterales entre los que se abre el paso mediante arcos de herradura y apuntados, sobre los que se sitúan dos arquerías de arcos entrelazados realizadas en ladrillo. El torreón exterior presenta varias ventanas y balcones sobre matacanes.

Seguramente desde su construcción incluye un fragmento de **sarcófago** paleocristiano con las figuras de Jesucristo, san Pedro, el gallo y algunas otras. Estos relieves se hallan en la fachada oeste, la misma en la que el corregidor Gutiérrez Tello mandó poner, en el siglo XVI, un medallón en el que se representa el milagro de la imposición de la casulla a San Ildefonso, lo que hizo que cambiara el tradicional nombre de puerta de la Herrería por el de San Ildefonso, aunque desde el siglo XVIII los toledanos la vienen llamando puerta del Sol por la pintura que lo representa junto a la luna sobre dicho medallón. También aprovecha para su decoración fragmentos de relieves romanos semejantes a los que aparecen en la citada puerta del Cambrón.

┃ PUERTA DE LOS ALARCONES

Si subimos por la calle Carretas nos encontraremos con la puerta de los Alarcones, parecida a la anterior, aunque mucho más sencilla. Ha sido muy modificada por el uso, al integrarse en el siglo XVII al convento de Bernardas Recoletas. Tras ella, la muralla vuelve a desaparecer confundida entre las casas y derribada para ensanchar los accesos a la plaza Zocodover por la calle de las Armas, calle que en tiempos pasaba bajo la desaparecida puerta de Perpinán, siguiendo la muralla por donde en la actualidad se halla el paseo del Miradero para continuar hasta la puerta de Alcántara.

◔ B3
Puerta del Sol

▶ Puerta del Sol.

◔ B3
Puerta de los Alarcones

ZONA SUR

IGLESIA DE LOS SANTOS JUSTO Y PASTOR　✱

Saliendo de la plaza del Ayuntamiento por la puerta Llana se llega al cruce con la calle Sixto Ramón Parro que conduce hasta la plaza de esta iglesia. El templo se levantó sobre una mezquita de estilo mudéjar, aunque de esta etapa solamente se conserva el ábside, pues, como tantos otros templos toledanos, ha soportado muchas remodelaciones a lo largo de los siglos. La parte principal del edificio fue levantada casi de nuevo durante la etapa barroca, aunque se respetaron unas **capillas** góticas entre las que merece la pena ver la que sirvió de enterramiento a la familia del arquitecto Juan Guas y la **del Corpus Christi.** Esta última, tras su restauración, muestra un atractivo conjunto de yeserías mudéjares, pinturas murales y azulejos góticos y renacentistas, además de un artesonado de madera policromada.

CONVENTO DE SAN JUAN DE LA PENITENCIA

Tras este templo estuvo adosado el convento de San Juan de la Penitencia, incendiado y abandonado en el año 1936, que se ha vuelto a construir para servir de sede a varias instituciones educativas. En su momento fue una auténtica joya del gótico mudéjar toledano.

En la plaza del Colegio Infantes abre sus puertas el **Museo de Tapices y Textiles de la Catedral de Toledo,** que expone un total de 24 tapices de los 48 que alberga el templo primado, además de una serie de ropas litúrgicas y piezas de orfebrería.

IGLESIA DE SAN LUCAS

La calle de San Juan de la Penitencia nos conducirá a la cornisa de la ciudad sobre el Tajo, donde se edificó la iglesia de San Lucas, probablemente durante la etapa visigoda. De la época musulmana conserva algunos arcos, permaneciendo abierta al culto de los católicos mozárabes. Es de las pocas iglesias restauradas que ha conservado el enlucido blanco interior, que debió de ser común a todas ellas y que logra un mejor efecto espacial. Por su pequeño tamaño, se aprecian al exterior los volúmenes que la forman, alcanzándose un gran atractivo al conjugarse con el jardincillo inmediato.

CONVENTO DE SAN PABLO

Siguiendo la carretera de circunvalación se llega a una vaguada natural y por tanto una de las más antiguas vías toledanas, la bajada del Barco, donde se encuentran, a la derecha, dos conventos que comparten la misma manzana de casas. El de más abajo es el convento de San Pablo, de monjas jerónimas. Dentro de su **iglesia** gótica destaca el magnífico sepulcro del cardenal e inquisidor general don Fernando Niño de Guevara, trazado por el artista Juan Bautista Monegro. Numerosas obras de arte se pueden admirar tanto en el templo monástico como en el coro.

El **convento** de arriba es el de la **Concepción o de las Benitas.** Su iglesia se pone como ejemplo del barroco clasicista español.

| IGLESIA DE SAN SEBASTIÁN

Al salir nuevamente a la carretera de circunvalación, que en estos tramos se apoya sobre restos de antiguas murallas, se encuentra la fachada de la iglesia de San Sebastián, antigua mezquita (lo que explica su orientación norte-sur) transformada en

D2
Iglesia de San Sebastián

▼ Vista de Toledo desde el sur.

iglesia mozárabe. El templo ha sufrido varias restauraciones, perdiendo totalmente el enlucido de sus muros. Incluido dentro del mudéjar toledano más primitivo, las tres naves están separadas por arcos de herradura semicirculares que se apoyan sobre capiteles reutilizados, romanos y visigodos.

I CONVENTO DE SAN GIL O GILITOS

D2
Convento de San Gil o Gilitos
Cortes de Castilla-La Mancha

Si caminamos por las Carreras de San Sebastián, que ofrece magníficas vistas sobre el río, llegaremos al convento de San Gil o Gilitos, buena muestra de restauración de un edificio histórico desde 1985 utilizado como sede de las **Cortes de Castilla-La Mancha**.

I IGLESIA DE SAN CIPRIANO

D2
Iglesia de San Cipriano

Próxima a este edificio está la iglesia de San Cipriano, que probablemente fue mezquita como parece indicar su torre exenta y el patio que precede al templo, quizá patio de las abluciones rituales musulmanas.

I CONVENTO DE SANTA ISABEL ✱

D2
Convento de Santa Isabel de los Reyes

✉ Cristo de la Parra, s/n.
☎ www.turismocastilla lamancha.es
⊙ De lunes a domingo de 10.30 h a 18.30 h. De octubre a abril, de 10.30 h a 18 h.
⊜ 1,90 € (gratuita los jueves a partir de las 14 h).

Desde la iglesia de San Sebastián, bordeando el templo por la calle del Cristo de la Parra, se llega hasta el bello ábside mudéjar, del siglo XIII, de la antigua iglesia de San Bartolomé. Frente a él se levantan las tapias del covento de Santa Isabel, de monjas franciscanas.

Al exterior destaca, entre los paredones típicos de las clausuras, el **ábside** mudéjar adosado a la iglesia, único resto de la antigua parroquia de San Antolín, que fue agregada al convento bajo el reinado de los Reyes Católicos. Estos colaboraron en la fundación monástica cediendo el palacio llamado de doña Inés de Ayala, del que todavía se puede admirar una portada en la plaza del Rey Don Pedro.

La iglesia monástica, reconstruida en el siglo XVI, alberga una serie de retablos de extraordinario interés artístico, que se pueden admirar bajo una techumbre de madera de estilo morisco (siglo XV).

El **Museo de Santa Isabel de los Reyes** permite visitar el claustro de la Enfermería y una interesante colección de obras de arte que comprende frescos, objetos de uso doméstico, cuadros, vestimentas y esculturas.

En la plaza citada anteriormente se encuentra el denominado **palacio del Rey Don Pedro** –aunque nunca perteneciera a este rey– del que se conserva en buen estado su portada, bonito ejemplo del gótico civil. Es la sede de la Escuela de Traductores.

I IGLESIA DE SAN ANDRÉS ✳

La plaza del rey don Pedro se estrecha hasta convertirse en una calle, al fondo de la cual destaca la iglesia de San Andrés. En sus orígenes fue iglesia visigoda, de la que tan solo queda una pilastra y un relieve, y posteriormente, mezquita árabe, tal y como acredita un cipo funerario con la fecha inscrita de 1001, utilizado como soporte de una de las naves.

Su portada es única en Toledo, pues se realizó en estilo almohade, el mismo estilo utilizado en la decoración de mocárabes usada en las pequeñas bóvedas del crucero.

En el interior se conserva un sepulcro mudéjar del siglo XIV, decorado con yesería. La cabecera del templo se rehizo durante el siglo XV en estilo gótico, con unas trazas que recuerdan el presbiterio de San Juan de los Reyes. Conserva tres bellos retablos platerescos, cuyas hermosas y coloristas pinturas lucen tras su restauración. También se han recuperado y analizado 58 cuerpos momificados situados en una cripta junto al altar mayor.

◉ D3
Iglesia de San Andrés

▼ Plaza y convento de Santa Isabel.

TOLEDO EXTRAMUROS

Entrando en Toledo por la carretera de Madrid, se dejan a la derecha los ábsides mudéjares de dos templos en los que ya no se celebra culto. El primero es la ermita de San Eugenio, transformado en almacén, y el segundo fue la iglesia del antiguo hospital de San Lázaro, hoy integrado en un complejo hotelero. Poco más adelante se levanta el Hospital de Tavera, también llamado de San Juan Bautista o de Afuera, destacada joya del Renacimiento toledano.

HOSPITAL DE TAVERA O SAN JUAN BAUTISTA **

Es la obra renacentista levantada *ex novo* más hermosa que conserva la ciudad. Su nombre corresponde al de su fundador, el cardenal y arzobispo de Toledo don Juan Tavera. Parece que la intención del cardenal fue emular a su predecesor en la silla arzobispal, don Pedro González de Mendoza, quien había levantado el hospital de Santa Cruz para niños expósitos, creando él a su vez otro centro donde acoger con desahogo a todos los restantes enfermos y menesterosos.

· · · · · · · · ·
🅤 f.p.
Hospital de Tavera
Museo Fundación Duque de Lerma
✉ Duque de Lerma, 2.
☎ 925 220 451.
🖥 https://fundacion
medinaceli.org/
monumentos/hospital-
tavera/
🕐 Visitas guiadas cada hora, de martes a sábado de 10 h a 17 h, domingo de 10 h a 13 h.
💳 Entrada completa: 12 €. Espacio Greco (patios, iglesia y sacristía): 6 €.

Aunque el planteamiento general del edificio, su fachada principal y patios siguen las trazas dadas por el arquitecto Alonso de Covarrubias, la larga duración de las obras, realizadas entre 1540 y 1626, permitió que participasen todos los grandes maestros de la arquitectura renacentista toledana, imprimiendo cada uno su estilo en las distintas partes realizadas bajo su respectiva dirección. Además de Covarrubias, los principales artífices fueron Hernán González, autor de la planta de la iglesia, que no vio terminada por su fallecimiento, siendo Nicolás de Vergara *el Mozo* quien levantó los muros y puso las cubiertas, mientras Juan Bautista Monegro se encargó de incorporar los detalles decorativos. Durante las etapas de Covarrubias y González fue administrador de la obra el también arquitecto Bartolomé de Bustamante, a quien se deben algunas modificaciones menores.

El edificio, de sillería almohadillada en piedra berroqueña que le presta señorial belleza, se organiza en un amplio rectángulo formado por las distintas dependencias, con un gran **patio** central partido en dos por una galería abierta de dos plantas que une la entrada al hospital con la portada de la iglesia. Ambos patios están circundados por galerías dobles de arcos de medio punto, soportados por columnas.

▼ Hospital de Tavera.

Tanto la **portada** de la iglesia como el **sepulcro** del cardenal Tavera, situado en el centro de la nave, son obras de Alonso de Berruguete. En la estatua yacente del monumento funerario se plasma con gran realismo la presencia de la muerte en la cadavérica imagen del cardenal.

En la iglesia puede contemplarse el cuadro del Greco *El bautismo de Jesús,* y en las dependencias palaciegas se puede admirar parte del fondo artístico del **Museo Fundación Duque de Lerma,** compuesto por mobiliario, tapices y una pinacoteca donde hay magníficas obras del cretense, particularmente *La Virgen de la buena leche, El retrato del cardenal Tavera* y la talla de *Cristo resucitado.* Junto a estas sobresalen obras de otros pintores como *La mujer barbuda* de Ribera o *El retrato del duque de Medinaceli* de Zurbarán. También se puede visitar la antigua farmacia del hospital, del siglo XVI.

∎ CIRCO ROMANO, FÁBRICA DE ARMAS Y BASÍLICA DE SANTA LEOCADIA

Junto a la avenida de la Reconquista, bajando hacia la derecha, se formó en el siglo XIX el segundo parque de Toledo, que simultáneamente esconde y adorna las **ruinas** del **circo romano.** Por sus dimensiones es el segundo de la península, levantado en el siglo II de nuestra era. En época musulmana se utilizó como lugar de enterramiento, por su ubicación extramuros de la ciudad, como han demostrado las excavaciones arqueológicas.

El expolio realizado durante siglos le ha privado de sus sillares pétreos, desfigurando su imagen original.

De sus ruinas parten dos carreteras; una llega hasta la **Fábrica de Armas** fundada por el rey Carlos III en el año 1761. La llamada **Torre del Agua,** que se encuentra en la que fue antigua Fábrica de Armas y hoy es campus universitario, acoge la tercera escultura que Cristina Iglesias realizó en 2014 para la ciudad. Las visitas las gestiona el Consorcio de Toledo. A unos 100 m del Tajo se alza una torre neomudéjar que se utilizó como depósito de agua y estuvo arruinada durante muchos años.

Una escalera de hierro adosada al exterior permite subir hasta los últimos peldaños, desde los que se gozan de atractivas vistas sobre la ciudad, y también acceder al interior del edificio. Allí se encuentra otra escalera, reflejo de la anterior, desde la que se puede contemplar la instalación. Fluye el agua hacia el centro, como si este fuera el vértice de un cono invertido cuyas paredes se asemejan a

∙∙∙∙∙∙∙∙∙
🔘 A2
Circo romano

∙∙∙∙∙∙∙∙∙
🔘 f.p.
Fábrica de Armas

∙∙∙∙∙∙∙∙∙
🔘 f.p.
Torre del Agua
🔘 Sábado de 10 h a 14 h y de 18 h a 20 h.
🎫 Entrada gratuita.

un lecho de raíces. El agua, que reproduce el flujo y el murmullo de la corriente del río, escribe una renovada metáfora sobre la repetición de los ciclos vitales y el paso del tiempo.

La otra carretera, denominada paseo del Circo Romano, desemboca en la **basílica de Santa Leocadia y Cristo de la Vega.** El primer nombre hace mención a la famosa basílica donde se celebraron los Concilios Toledanos durante la etapa visigoda, el segundo a una imagen del Crucificado con un brazo desclavado que dio lugar a una bella leyenda recogida en la obra teatral *A buen juez, mejor testigo.* Frente a la basílica se levantó en 1931, con poco acierto estilístico, uno de los muchos monumentos en honor del Sagrado Corazón de Jesús.

En la falda del cerro donde se asienta el Parador y al borde del camino se encuentra la muy toledana **ermita de la Virgen del Valle,** más atractiva por su arraigo tradicional que por sus méritos artísticos. Desde su balconada se divisan al pie los restos de molinos que sirvieron para la fabricación de harina; hoy, tras haber servido algunos como pequeñas centrales hidroeléctricas durante corto tiempo, están abandonados y parcialmente derruidos. También al pie de la ermita está el embarcadero que durante siglos fue el único medio de comunicación que tenía con la ciudad. Junto al otro amarre se encuentra la casa del Diamantista y el torreón del Hierro.

Próximo a la ermita destaca un pequeño cerro que cae a pico sobre el río, cuya cumbre ofrece buen lugar de asentamiento gracias a su suave redondez. Se trata del *Cerro del Bu,* el lugar donde

• • • • • • • • •
◎ B1
Basílica de Santa Leocadia y Cristo de la Vega

• • • • • • • • •
◎ f.p.; D3
Ermita de la Virgen del Valle

▼ Circo romano de Toledo.

....
🕐 D4
Yacimiento del Cerro de Bu

....
🕐 f.p.
**Acueducto romano,
Artificio de Juanelo
y estación de ferrocarril**

....
🕐 B4
Castillo de San Servando

▼ Estación de tren
de Toledo.

se instalaron los primeros pobladores en la Edad del Bronce, hace más de cuatro mil años, según acreditan las excavaciones realizadas.

Junto a él discurre el arroyo de la Degollada que también tiene su leyenda: una mujer musulmana fue muerta aquí por sus propios hermanos cuando intentaba huir a caballo con su amante cristiano. Sus gotas de sangre todavía se ven esparcidas, aunque en realidad se trata de unas piedras que por su color semejan la sangre de la enamorada.

❘ ACUEDUCTO ROMANO, ARTIFICIO DE JUANELO Y ESTACIÓN DE FERROCARRIL ✱

En dirección al puente de Alcántara, la carretera pasa bajo los restos del **acueducto romano,** del que se observan parte de sus cimientos en el río y en la otra ladera. Debió ser una importante obra de ingeniería, tal como atestiguan las dimensiones de un trazado que se prolongaba hasta la presa de la Alcantarilla, situada a 38 km de la ciudad.

Al otro lado del puente Nuevo de Alcántara estuvo situado el famoso **Artificio de Juanelo,** ingeniosa maquinaria construida en el año 1569 por el relojero del emperador Carlos V, Juanelo Turriano, para elevar el agua a la ciudad. El artilugio estuvo en funcionamiento hasta finales del siglo XVII, y sus restos llegaron al XIX, siendo derribado para construir una turbina municipal con la misma finalidad.

Sobre las estribaciones del cerro próximo, dominando el puente de Alcántara, recorta su silueta el **castillo de San Servando.** Rodeando su base se llega al paseo de la Rosa, urbanizado a comienzos del siglo XX para recibir mejor a los viajeros que, desde 1858, podían venir a Toledo en ferrocarril.

La **estación** primitiva fue derribada para levantar en 1920 la actual, representativa del estilo neomudéjar. Hoy en día enlaza Madrid y Toledo a través de la alta velocidad. Junto a la estación hay parada de autobús y se puede llegar fácilmente hasta Zocodover. De los distintos edificios que se hicieron del mismo estilo en la época, es el más lujoso y el más cuidado en sus detalles artísticos. Desde los andenes de la estación se divisan la Huerta del Rey y los palacios de Galiana, que desempeñaron un papel protagonista en la conquista de la ciudad por el rey Alfonso VI.

❘ PALACIO DE GALIANA Y HUERTA DEL REY

Por debajo del puente de Alcántara, el río Tajo, remansado, forma entre sus meandros amplias vegas fértiles. La más próxima a la ciudad perteneció a los

La reina Galiana

En la llamada Huerta del Rey, al otro lado del río Tajo y a espaldas de la estación de ferrocarril, hay un palacio de propiedad privada que parece árabe granadino por sus cuidados jardines y la arquitectura de sus torres. Es el palacio de Galiana que recuerda el lugar de una de las más extrañas y sorprendentes leyendas de Toledo. Según un poema de origen francés, Carlomagno, joven y perseguido, se refugia en el reino moro de Galafre, rey de Toledo a quien ayuda en sus batallas.

La hija de Galafre, Orionde Galienne, se enamora de Carlomagno. La princesa es erudita en astrología y artes mágicas y libra al héroe de las insidias de su hermano. Carlomagno, a su vez, vence al gigante Bramante que pretende a la princesa, huye a Roma y salva al Papa de los sarracenos. Otra historia que entronca con el poema francés cuenta que Carlomagno se casa con Galiana y la lleva a Francia, donde se convierte al cristianismo. De esta leyenda hay infinidad de variantes españolas, alemanas e italianas y es el argumento de la primera novela de Lope de Vega: *Los palacios de Galiana*.

monarcas de la taifa musulmana hasta que Alfonso VI se convirtió en su propietario por derecho de conquista; hecho que dirigió en la fase final con su real plantado en la misma huerta para ordenar mejor el cerco que llevó a la rendición. Desde entonces se llama Huerta del Rey, aunque las donaciones y ventas regias pronto privatizaron la tierra. Por orden del rey Almamún, en su suelo plantaron los botánicos musulmanes, dirigidos por Ibn Wafid, un jardín siempre lozano, cantado por los poetas en alabanza de sus bellas flores y agradables perfumes. En este lugar, el monarca bereber mandó levantar un palacete de recreo que con el tiempo fue conocido como palacio de Galiana debido a la antigua calzada romana hacia las Galias que pasa a su lado. Hoy se puede admirar, bellamente restaurado, el palacio que en los siglos XIII y XIV sustituyó a la construcción original, convertido en lugar de eventos y celebraciones.

Fue levantado por el matrimonio formado por Beatriz de Silva y Alvar Pérez de Guzmán, señor de Orgaz, hijo del posteriormente inmortalizado por El Greco en el cuadro de *El entierro del señor de Orgaz*.

Así el edificio que hoy se puede contemplar es una aproximación a las construcciones mudéjares. El palacio se asoma a una alberca, que guarda los ecos de los antiguos esplendores vegetales, y galerías abiertas al septentrión y al mediodía dan ligereza al muro, mientras que yeserías adornan los arcos a modo de alfiz.

⏺ f.p.
**Palacio de Galiana
y Huerta del Rey**

▼ Castillo de San Servando..

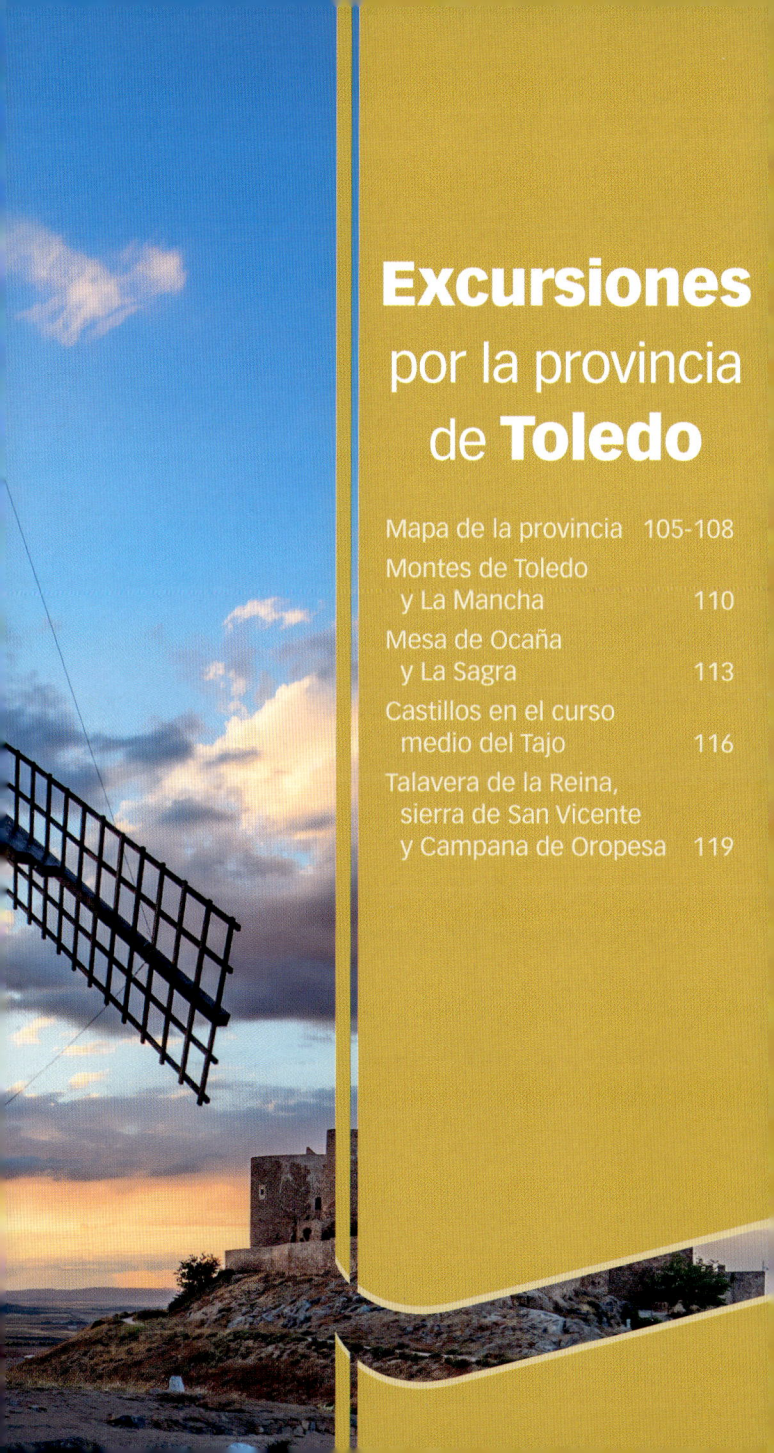

Excursiones
por la provincia
de **Toledo**

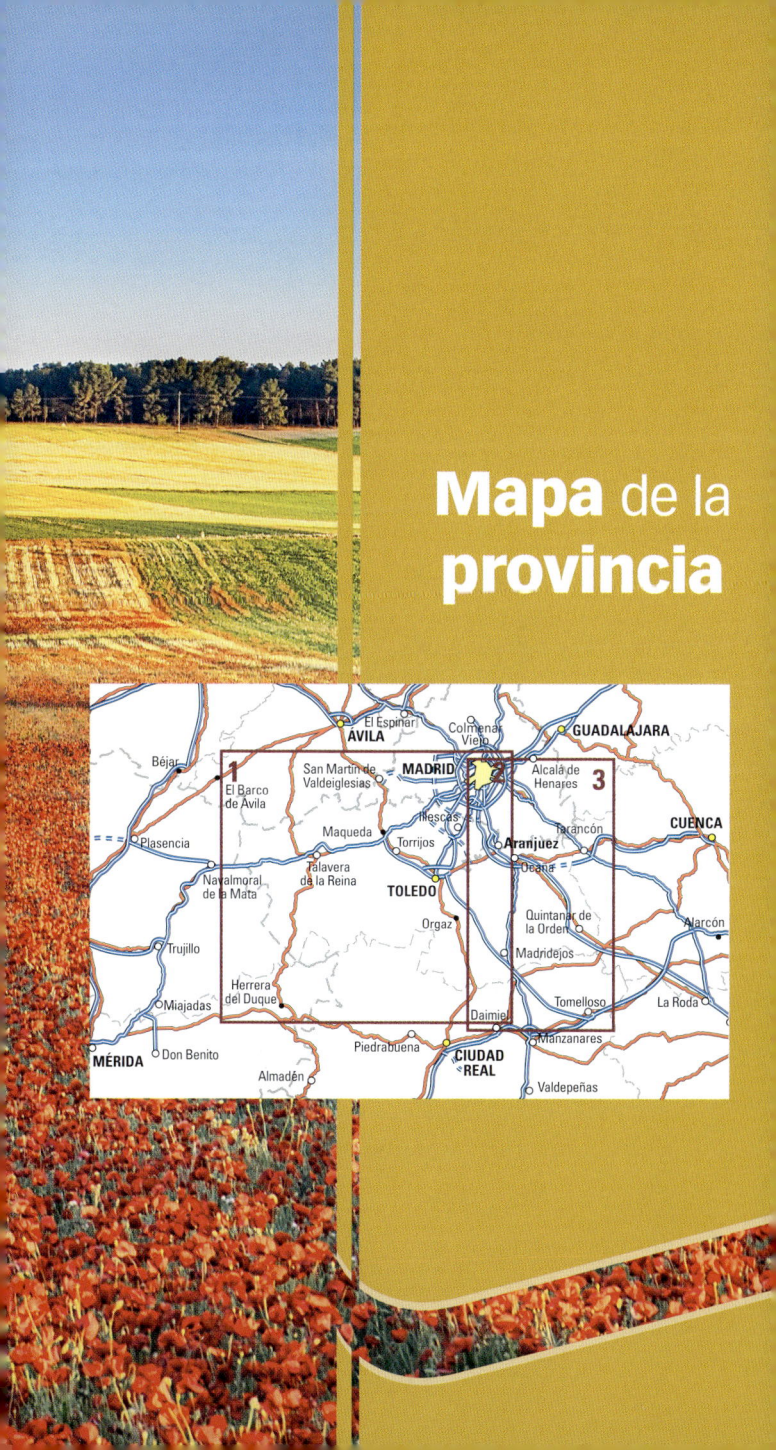

Mapa de la **provincia**

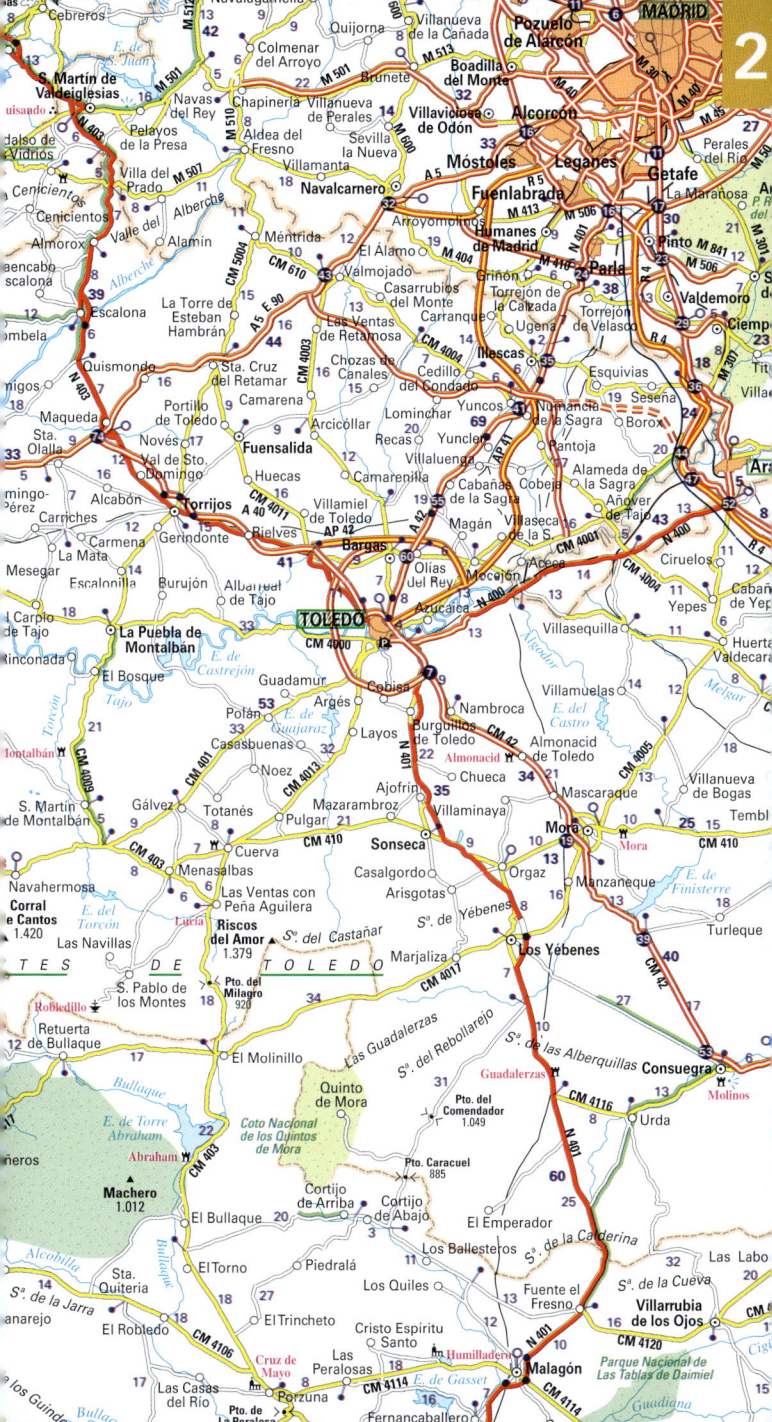

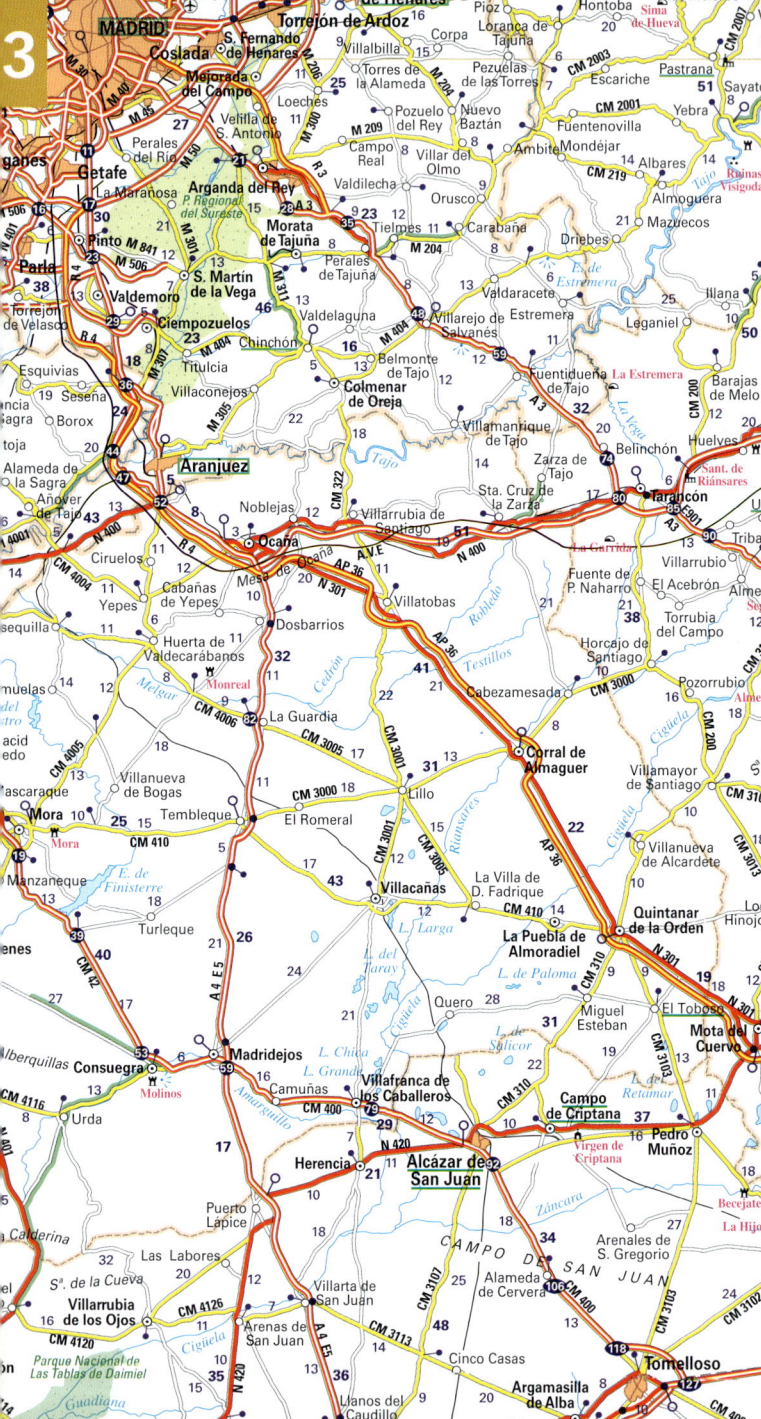

La provincia de **Toledo**

Los muchos atractivos que se pueden encontrar a lo largo y ancho de la provincia quedan oscurecidos por el profundo brillo de la ciudad de Toledo. Poca gente encuentra tiempo suficiente para realizar alguna excursión a los paisajes y pueblos toledanos, aunque tengan muchos y variados motivos de interés: las llanuras manchegas, cantadas por Cervantes, se dan la mano con pueblos encerrados en sus serranías, tierras de vino y olivar se aproximan a las fértiles huertas del Tajo, castillos, iglesias, molinos y palacios se reparten dispersos por toda su geografía. Con cuatro apretadas rutas de un día, se puede tener un conocimiento general sobre estas tierras. Las excursiones que se proponen se han trazado siguiendo criterios exclusivamente geográficos, al estar condicionadas por el tiempo; en otras circunstancias se podrían realizar rutas monográficas según diversos criterios: ruta de los castillos, ruta cervantina, ruta del vino, ruta arqueológica, etc. En este caso las excursiones se limitan a unas localidades de cierta importancia, reseñando brevemente los elementos de mayor interés.

Montes de Toledo y La Mancha

Museo del Aceite (Mora)
✉ Ctra. de Orgaz, s/n.
☎ 925 300 895.
🖰 www.patrimoniolivarero.
com

La Almazara de la Encomienda (Mora)
✉ Yegros, s/n.
☎ 925 300 790.
◉ Visita previa cita.

▼ Orgaz. Arco de Belén y puerta del castillo de los Condes de Orgaz.

ALMONACID

Comienza la excursión en Almonacid, pueblo asentado a los pies de un **castillo** de origen árabe que perteneció a la mitra toledana hasta finales del siglo XVIII. Cuenta la población con algunas fachadas hidalgas, una **iglesia parroquial** del siglo XVI y la **ermita** de la Virgen de la Oliva, que guarda pinturas murales realizadas en 1689 por el artista Alonso del Arco.

MORA

Tras hacer una parada en **Mascaraque** para examinar el castillo-palacio perteneciente a la familia Padilla, se llega a **Mora de Toledo,** localidad con más de un millón y medio de olivos plantados en su término.

Esta riqueza olivarera se advierte desde los restos del castillo el **castillo de Peñas Negras,** fortaleza del siglo X construida por los árabes y custodiada por los caballeros de la Orden de Santiago. Hermosean las calles de Mora varios monumentos de interés: el **Teatro Principal,** el **convento de San Eugenio,** el **colegio Teresiano,** la **iglesia de Ntra. Sra. de Altagracia,** el antiguo **Matadero Municipal** y las chimeneas industriales que señalaban el lugar ocupado por las almazaras de aceite. Por su originalidad y estilo neomudéjar, llama la atención el **Ayuntamiento,** construido en 1928 por el arquitecto Ezequiel Martín. Se profundiza en la cultura oleícola visitando el **Museo del Aceite Felipe Vegue** y la **Almazara de la Encomienda,** molino de comienzos del siglo XX.

ORGAZ

Orgaz, villa que perteneció a don Gonzalo Ruiz de Toledo, caballero que encargó *El entierro del señor de Orgaz,* fue declarado Conjunto Histórico en el año 2004. Avalan tan preciado título el cuidado caserío mezcla de alegría manchega y reciedumbre castellana, las muestras de arquitectura popular, las calles empedradas y los trabajos ejecutados en piedra, hierro y madera. Tras cruzar el arco de San José, se llega a la plaza Mayor, espacio con soportales que guarda la esencia del tiempo. Otorga volúmenes a la plaza la **iglesia de Santo Tomás Apóstol,** atribuida a Churriguera, que fue alzada a mediados del siglo XVIII y solo tiene una torre. Alberga el cuadro firmado por El Greco de nombre *El expolio,* de menores dimensiones que el exhibido en Toledo. El **castillo,** construido a finales del siglo XIV, levanta entre las casas sus muros exteriores, su crestería de almenas y su torre del homenaje. Otros monumentos de interés son el **hospital de San Lorenzo,** creado en 1729 para recoger enfermos pobres, la **Casa del Vínculo** y dos **ermitas.**

A unos 6 km de Orgaz se halla **Arisgotas,** cuya riqueza arqueológica se muestra en las paredes de las casas y en los muros de la iglesia. Son restos visigodos procedentes de la **iglesia de San Pedro de la Mata,** erigida en tiempo del rey Wamba y, sobre todo, del **yacimiento de los Hitos,** complejo palatino del siglo VI que está considerado como una "pequeña Recópolis". También está el **Museo de Arte Visigodo,** que recoge piezas y relieves del siglo VII. La **iglesia de Nuestra Señora de la Asunción** conserva restos visigodos y también artesonados.

LOS YÉBENES

Pueblo grande y disperso, se tiende a los pies de una sierra coronada con dos molinos manchegos. Hay, además, talleres dedicados a la forja artística, la taxidermia y la guarnicionería. Tiene dos **iglesias** del siglo XVI, una renacentista con ábside semicircular, y otra gótica de transición, que luce torre mudéjar. Entre las casonas destaca el **palacio de la Encomienda,** edificio barroco donde vivió el comendador. Cabe reseñar que la localidad esconde **pinturas rupestres** de tipo esquemático en dos abrigos rocosos.

CONSUEGRA

Consuegra ofrece una riqueza artístico-monumental notable. El **castillo** tiene larga trayectoria histórica, pues nació en el siglo X, se convirtió en la sede de la Orden de San Juan de Jerusalén, fue destruido por las tropas napoleónicas y ha sido rehabilitado como escenario de eventos culturales. De los 13 molinos que hubo se conservan 12, algunos rehabilitados tras el paso del huracán Emma en marzo de 2018. Configuran la plaza de España varios edificios relevantes: el **Ayuntamiento,** construido en 1670, el inmueble historicista de San Gumersindo y los llamados **Corredores** (siglo XVII), que lucen balconadas de madera y soportales y albergan el **Museo Arqueológico Municipal,** centro que reúne valiosas piezas desde el Neolítico hasta el siglo XIX. Varias iglesias, conventos y edificios civiles realzan el patrimonio monumental de la villa. En la **iglesia del**

Oficina de Turismo de Orgaz
- De la Floq, 5.
- 925 317 685.
- https://ayto-orgaz.es

Castillo de Orgaz
- Sábado y domingo de 9.30 h a 13 h (entrada libre al patio de armas). Visita al castillo: guiada previa cita en el telf. de la Oficina de Turismo.

Museo de Arte Visigodo
- Arisgotas. Real, s/n.
- 925 317 685 y 661 772 781.
- Lunes a viernes, de 16 a 20 h. Sábado y domingo de 10 h a 14 h.

Oficina de Turismo de Los Yébenes
- Talavera, s/n (Teatro Auditorio.
- 925 322 512.
- https://turismo.losyebenes.es

Oficina de Turismo de Consuegra
- Molino Bolero (Cerro Calderico).
- 925 475 731.
- Avda. Castilla-La Mancha, s/n.
- 925 593 118.
- www.consuegra.es

Castillo de Consuegra
- Visita guiada (Oficina de Turismo).

Museo Arqueológico Municipal de Consuegra
- Plaza de España, 11.
- 925 475 731.

Museo del Cristo (Consuegra)
- Calle del Cristo, 13.
- 925 475 731.
- Consultad en la Oficina de Turismo.

El azafrán

El cantar dice que la rosa del azafrán es una flor arrogante, que nace al salir el sol y muere al caer la tarde. Es también la flor más cara porque sus estambres, el azafrán, adquiere precios fabulosos. Es la flor de La Mancha y especialmente de Madridejos y Consuegra, localidad esta última donde se celebra cada año, entre los días de santa Teresa y de Todos los Santos, una fiesta muy especial alrededor de su cosecha. En esta época, los campos aledaños a Consuegra se ven coloreados por el rosa pálido de la flor recién cogida. De la mañana al anochecer, las mujeres del pueblo arrancan los estambres que han dado fama universal

a este azafrán toledano, el más apreciado desde la antigüedad. Era costumbre en toda La Mancha que las jóvenes casaderas recibieran como dote una bolsa de la especia, valor seguro y siempre en alza, que nunca debe faltar en una paella ortodoxa o en una perfecta pepitoria de gallina. El ayuntamiento de Madridejos gestiona el Museo del Azafrán y Etnográfico (San Francisco, 17), a 8 km de Consuegra.

Cristo de la Vera Cruz se ha instalado el llamado **Museo del Cristo,** que contiene exvotos, reliquias y objetos de arte sacro.

A 4 km se encuentran los restos de una **presa romana,** reputada como la de mayor longitud (700 m) y la de mejor estado de conservación de todo el Imperio.

| TEMBLEQUE

Finaliza la ruta en Tembleque, patria de los segadores mencionados por Sancho en el *Quijote.* Es una villa que despierta los asombros por la armonía de su **plaza Mayor,** terminada en 1653. Cerrada a manera de coso o gran corral de comedias, congrega en sus soportales la belleza de la arquitectura popular y muchas cruces de Malta. También forma parte del recinto el **Ayuntamiento,** edificio de estilo barroco madrileño. Muy cerca, alza sus airosos volúmenes la **iglesia parroquial,** acabada en 1527, que esconde una bella bóveda de crucería. Además de la **casa-palacio de los Torres,** construida en 1753, deben ser mencionadas la **ermita de la Vera Cruz,** convertida en biblioteca, y **la del Cristo del Valle,** decorada con motivos florales de estilo barroco.

• • • • • • • • •

 **Oficina de Turismo
 de Tembleque**
 Plaza Mayor, 1.
 925 145 553.
 www.ayuntamiento
 detembleque.es

Mesa de Ocaña y La Sagra

YEPES

Conocido en la comarca como Toledillo por la riqueza monumental, el urbanismo y el haber amparado la convivencia de las tres culturas, Yepes ha sido declarado Conjunto Histórico-Artístico. Corroboran esta distinción los restos de las cercas medievales, las cuatro puertas de muralla, las dos torres albarranas, el **rollo de justicia,** las dos **ermitas,** la **plaza Mayor,** las abundantes **casas nobiliarias,** el **convento de San José y San Ildefonso,** la **iglesia** del antiguo **hospital de la Concepción** y el **templo** colegial **de San Antonio Abad.** Este último, trazado por Alonso de Covarrubias, atesora bóvedas de crucería, trabajos de forja y un retablo mayor donde resplandecen seis lienzos ejecutados por Luis Tristán. Las Jornadas Calderonianas y la fiesta del Corpus Christi reviven el esplendor que tuvo la villa en el Siglo de Oro.

Oficina de Turismo de Yepes
Calvo Sotelo, s/n.
605 892 468.
www.yepes.es

OCAÑA

Ocaña sorprende al visitante no avisado por los tesoros artísticos que guarda. Parada obligatoria exige la **plaza Mayor,** iniciada en 1782 en estilo barroco clasicista, que despliega un armonioso conjunto de pilares almohadillados y arcos de ladrillo sobre los que se yerguen dos plantas provistas de balcón y buhardilla. Cerca se halla el **palacio de los Cárdenas,** mandado construir en el siglo XV por Diego Gutiérrez de Cárdenas, comendador de la Orden de Santiago y consejero de los Reyes Católicos. Bella portada gótica y patio rectangular formado por columnas octogonales de piedra. Rejas, yeserías y artesonados.

El paseante se encuentra en su recorrido por las calles con el **rollo de justicia** (siglo XV); el **teatro Lope de Vega,** colegio de la Compañía de Jesús fundado en 1558; la **iglesia de San Juan Bautista,** que conserva elementos góticos y mudéjares; la torre y la portada de la **iglesia de San Martín,** labrada en 1577, que se atribuye a Covarrubias. En una vaguada próxima se esconde un monumento excepcional: la llamada **Fuente Grande,** construida en 1578 con trazas de Juan de Herrera. Consta de una gran plaza empedrada, dos lavaderos separados por un muro, diez caños y un largo pilón de sillería dividido en compartimentos. Recubre el exterior de los caños una galería de piedra decorada con pilastras toscanas. Fue declarada Monumento Nacional en 1976.

Oficina de Turismo de Ocaña
Plaza Mayor, 6.
925 120 891.
www.ocana.es

Porticum Salutis
- ✉ Hizojo, s/n.
- ☎ 925 156 090.
- ⏱ De martes a domingo, visitas a las 10.30 h, 11.30 h, 12.30 h, 16.30 h, 17.30 h y 18.30 h.

Museo Arqueológico Municipal Colección Padre Santos
- ✉ Lope de Vega, 3.
- ☎ 925 120 891.
- 🌐 www.ocana.es

Casa-Museo de Cervantes
- ✉ Plaza Cervantes, s/n.
- ☎ 925 546 632.
- 🌐 www.esquivias.es
- ⏱ De martes a viernes, de 9 h a 14 h (julio y agosto), de 9.30 a 13.30 h y de 16 h a 18 h (resto del año). Sábado, domingo y festivo, de 10.30 h a 14 h (todo el año).
- 💰 3 €.

▼ Torre de la iglesia de Santa María en Illescas.

Otro de los lugares reseñables es el **convento de los Padres Dominicos,** cuya primera piedra fue puesta en 1530. Iglesia renacentista con frescos de la época y sillería en madera de nogal tallada en 1573. Claustro atribuido a Covarrubias. Con el nombre de **Porticum Salutis** los padres dominicos han preparado un grupo de tres museos temáticos que explican la historia y las realizaciones de la orden y reúnen ornamentos litúrgicos y piezas de orfebrería. Tiene fama el Belén interactivo cuya instalación se renueva todos los años. Merece también visita el **Museo Arqueológico Municipal Padre Santos,** que contiene una notable colección arqueológica.

❙ ESQUIVIAS

La fama de Esquivias gira alrededor de Cervantes y de su esposa Catalina de Palacios. Y uno de los lugares más íntimamente relacionados con el autor del *Quijote* es la **Casa-Museo de Cervantes,** inmueble levantado al estilo del siglo XVI donde vivió el escritor. Guardan conexión con el mundo cervantino la **casa de Catalina de Palacios** (siglo XVI), que luce en la fachada el escudo de la familia Salazar, el monumento a Catalina, obra en bronce realizada en 1998 por Luis Martín de Vidales, y la **iglesia parroquial,** de estilo neoclásico, que conserva el acta matrimonial de Miguel y Catalina. Por su interés monumental, deben citarse el **convento de Capuchinos,** terminado en 1725 y convertido en centro cultural, la **casa de las Balconadas,** típico caserón del siglo XVI, y la **Torrecilla,** edificio barroco donde solía hospedarse Azorín.

ILLESCAS

Illescas dista 8 km de Esquivias. Conviene detenerse aquí por ser el núcleo más importante de la Sagra y por su relieve artístico-monumental. En él se inscribe el **arco de Ugena** (probable siglo XI), único resto de la muralla medieval, el **convento de las Concepcionistas Franciscanas,** fundado por iniciativa del cardenal Cisneros, y la **parroquia de Santa María,** del siglo XIII remodelado en el XV, que luce una torre mudéjar de seis cuerpos que imita los alminares islámicos.

El **santuario de la Caridad** está formado por el hospital homónimo fundado por el cardenal Cisneros y el templo construido en el año 1600. Entre los cinco grecos que embellecen las paredes de la iglesia destaca *San Ildefonso,* juzgado por los expertos como una de las creaciones más logradas. Las demás obras son *La Virgen de la Caridad, La Coronación, La Anunciación* y *La Natividad.* Se puede ver además un importante grupo de mantos, esculturas, tallas y tablas.

El **Parque Arqueológico de Carranque** reúne un valioso conjunto de edificaciones alzadas a finales del siglo IV que se sitúan entre las mejor conservadas del final del Imperio romano. Integran el yacimiento la villa de Materno, construcción de carácter residencial que sobresale por los extraordinarios mosaicos que decoran el pavimento, el *palatium* de época teodosiana, el mausoleo y los molinos y represas. El **Centro de Interpretación** existente ayuda a comprender la importancia arqueológica del yacimiento de Carranque.

· · · · · · · · ·

Santuario de la Caridad y Museo del Greco
✉ Cardenal Cisneros, 2.
☎ 925 540 035.

· · · · · · · · ·

Parque Arqueológico de Carranque
✉ Ctra. Carranque-Madrid, km 34.
☎ 925 289 546.

https://cultura.castillalamancha.es/patrimonio/parques-arqueologicos/carranque

◀ Plaza Mayor de Ocaña.

Castillos en el curso medio del Tajo

GUADAMUR

Partiendo de Toledo, el primer punto de parada es Guadamur, pueblo que conserva un **castillo** con prestancia de decorado cinematográfico. Construido en 1468 por Pedro López de Ayala, conde de Fuensalida, es de planta cuadrangular y mide 30 m de lado. De sus recintos amurallados, un foso, tres torres circulares en los ángulos y una torre del homenaje que se enseñorea del conjunto. Muy cerca, la **ermita de la Virgen de la Natividad,** edificio del siglo xv y estilo mudéjar, alberga una reproducción de las piezas visigodas que integraban el Tesoro de Guarrazar. Completan los lugares de interés el **Museo de Costumbres y Artes Populares de los Montes de Toledo** y el **Centro de Interpretación del Tesoro de Guarrazar.**

La ruta prosigue por la carretera CM-401 hasta llegar a **Navahermosa.** De allí parte un camino de tierra que conduce al **castillo de Dos Hermanas,** de origen templario, que corona la crestería rocosa de un cerro. Cerca de Hontanar se alza la torre de Malamoneda.

SAN MARTÍN DE MONTALBÁN

El siguiente punto de parada es San Martín de Montalbán, donde se puede visitar el **puente** romano sobre el río Torcón, un **dolmen** de galería y la **iglesia de San Andrés,** que fue diseñada por Jorge Manuel Theotocópuli, hijo del Greco, y conserva en su interior unos frescos realizados por el artista ruso Boris Lugowsky.

A 7 km, una desviación conduce a **Santa María de Melque** (siglo VIII), templo construido con sillares de granito que formó parte de un conjunto monástico y se considera el edificio visigodo mejor conservado de la península Ibérica. Planta cruciforme, bóveda de cañón y arcos de herradura. En el **Centro de Interpretación** abierto en las casas de labranza anexas se explica la importancia del monumento.

Frente a la anterior desviación parte la senda que lleva al **castillo** de Montalbán. Esta gran fortaleza medieval, considerada la de mayor tamaño y complejidad de todas las existentes en Castilla-La Mancha, se levanta sobre un cortado asomado al río Torcón. Perteneció a la Orden de los Templarios y conserva en buen estado su adarve, las dos torres albarranas y la del homenaje.

Museo de Costumbres y Artes Populares de los Montes de Toledo

- ✉ Guadamur. Toledo, s/n.
- ☎ 925 291 560.
- 🕐 Lunes a viernes, de 9 h a 14 h. Sábado y domingo, de 10 h a 14 h.
- 💶 3 €.

Centro de Interpretación del Tesoro de Guarrazar

- ✉ Guadamur. Nueva, 22 (Antiguas Escuelas).
- ☎ 925 291 560.
- 🕐 Lunes a viernes, de 9 h a 14 h. Sábado y domingo, de 10 h a 14 h.

Castillo de Montalbán

- 🔗 https://sanmartinde montalban.com/castillo-de-montalban/

Iglesia de Santa María de Melque

- ☎ 925 789 842 / 925 287 795.
- 🔗 www.turismocastilla lamancha.es
- 🕐 De abril a octubre, de 11 h a 20 h. De noviembre a marzo, de 9 h a 18 h. Lunes, cerrado.
- 💶 Entrada gratuita.

LA PUEBLA DE MONTALBÁN

Por ser patria de Fernando de Rojas, La Puebla de Montalbán se halla envuelta en el aroma de *La Celestina*. El **Museo La Celestina** y el *Festival La Celestina,* que se celebra a mediados de agosto, se encargan de avivar la memoria de la obra. La Puebla de Montalbán, que fue cabeza de señorío, guarda numerosas muestras de su antiguo esplendor: la **plaza Mayor** porticada, la **iglesia de Nuestra Señora de la Paz** y el **palacio de los condes de Montalbán,** edificio del siglo XVI que contiene tres buenos artesonados. A lo anterior se suman dos **conventos** renacentistas, tres **ermitas** y la **torre de San Gil,** construida en 1604, que eleva sus 32 m de altura sobre la geometría de las tejas. Conviene también citar el **Museo de Motos,** que reúne más de 100 ejemplares de todas las épocas, y las **cuevas** subterráneas que acogen obras teatrales representadas en el festival veraniego.

A 4 km de la Puebla se encuentran las ***barrancas de Burujón,*** conjunto de cortados y cárcavas que surgen a los pies del embalse de Castrejón y ofrecen un paisaje sorprendente junto al Tajo.

Museo La Celestina
- La Puebla de Montalbán. Avda. de Madrid, 1.
- 925 776 542.
- www.diputoledo.es
- Abierto de miércoles a domingo.

Museo de Motos Juan Antonio García
- La Puebla de Montalbán. Señor Cura, 7.
- 925 750 118/639 103 517.
- www.museodemotos.com
- Abre los meses de abril, mayo, septiembre y octubre: sábados y festivos de 10 h a 14 h, de martes a viernes solo grupos con cita previa

▼ Castillo de Guadamur.

▲ La Puebla de Montalbán.

Ayuntamiento de Escalona
✉ Plaza del Infante Don Juan Manuel, 1.
☎ 925 780 012.
🖥 www.ayto-escalona.com

▼ Pinares de Almorox.

TORRIJOS

Siguiendo la CM-4009 se desemboca en Torrijos, patria de Alonso de Covarrubias y pueblo de más de 13.000 habitantes que respira pujanza por todos sus poros. Destacan los patios renacentistas y el artesonado mudéjar que esconde el **palacio de Pedro I,** así como la magnífica **colegiata,** que sorprende por su grandiosidad catedralicia. Interesante sillería gótica en el coro y retablo mayor de Correa de Vivar. Sobresale también la cabecera gótica del **hospital de la Santísima Trinidad,** lugar donde se venera la imagen de *El Cristo de la sangre.*

MAQUEDA

Antes de llegar a Maqueda emerge el perfil de su **castillo,** que tiene larga historia de luchas y asedios. Lo que hoy podemos ver pertenece al siglo XV y fue obra del comendador Gutierre de Cárdenas. Planta cuadrada, cortinas con almenas y cubos en los ángulos. Además del rollo de la villa (siglo XVI) y de los restos que quedan del antiguo cerco de murallas, conviene examinar la **iglesia parroquial de Santa María de los Alcázares,** templo que conserva un hermoso artesonado mudéjar y diversas obras de arte.

ESCALONA

Lo primero que llama la atención de quien se acerca a Escalona es la silueta de la fortaleza que, asomada al Alberche, aparece rodeada de romanticismo y fantasmagoría. El **castillo-palacio,** uno de los más importantes de Castilla en el siglo XV, fue construido por el infante don Juan Manuel y también por Álvaro de Luna. Mientras el primero edificó el perímetro exterior y las torres albarranas, el segundo alzó un suntuoso palacio dentro de la fortaleza.

Quedan igualmente en Escalona muestras de **arquitectura rural** de los siglos XVII y XVIII, así como los restos de la cerca medieval. También el **monasterio de la Encarnación** (siglo XVI), y dentro de él, el claustro de transición y la **iglesia monástica** de una sola nave.

ALMOROX

Almorox cuenta con un soberbio **rollo** alzado en 1566 y una **iglesia** declarada Conjunto Histórico-Artístico en 1983. Alardeando de audacia arquitectónica, grandes arcos fajones sostienen una sola nave de considerable anchura que se cubre con bóvedas de crucería. Púlpito gótico mudéjar en estuco, sacristía diseñada por Alonso de Covarrubias y dos retablos renacentistas.

Talavera de la Reina, sierra de San Vicente y Campana de Oropesa

| TALAVERA DE LA REINA

Cuarto núcleo urbano más populoso de Castilla-La Mancha, Talavera de la Reina nació a orillas del Tajo y fue fecundado por sus aguas al menos desde tiempos prerromanos. Enclave visigodo e islámico, bastión fortificado durante la Baja Edad Media, señorío episcopal dependiente de Toledo desde 1371 hasta 1812, desde mediados del siglo XVI se postula como el centro nacional de la cerámica. Es conocido por su mercado de ganados y sus ferias anuales, su patrimonio artístico-monumental y sus propuestas culturales.

En la llamada **plaza del Pan**, núcleo monumental de cierta relevancia, sobresale la **iglesia de Santa María la Mayor,** templo de estilo mudéjar que exhibe un enorme rosetón sobre la portada. Claustro gótico. Interior de grandes dimensiones y notable riqueza artística, visible en capillas, retablos, esculturas funerarias, tallas, cuadros y frontales de altar revestidos con azulejos.

Oficina de Turismo de Talavera de la Reina
Ronda del Cañillo, 22.
925 826 322.
https://turismotalavera.com

Museo Etnográfico
Ronda del Cañillo, 22.
925 814 903.
De martes a sábado, de 9/10 h a 14 h y de 17 h a 19 h. Domingo y festivos de 10 h a 14 h.

▼ Iglesia de Santa María la Mayor en Talavera de la Reina.

De las dos cercas que tuvo destacan los lienzos de muralla y las torres albarranas construidas en los siglos XIII-XIV. Quedan restos de la **alcazaba** musulmana y la **puerta de Sevilla** (siglo XVI), perteneciente a la segunda línea de murallas.

Cuenta Talavera con un grupo de templos mudéjares que han logrado conservar sus ábsides o fábricas alzadas en los siglos XIII-XIV. Buen ejemplo de ellos son la **iglesia de Santiago el Viejo**, la **del Salvador** y la **de Santiago el Nuevo**.

Notable es la riqueza conventual que atesora Talavera. El **complejo** jerónimo **de Santa Catalina** fue fundado por el arzobispo Tenorio a finales del siglo XIV. Dentro de la monumental iglesia adaptada a los diseños renacentistas destaca la escalera volada que permite el acceso al coro, la cúpula octogonal de la sacristía y el testero. Se inscriben en el barroco de ladrillo tan abundante en la zona el convento de las Madres Bernardas fundado en 1610, el de los Padres Carmelitas mandado edificar en 1704 y el de San Agustín el Viejo, obra del siglo XVII. Digno de visita es también el convento de las Madres Benitas, refundado en el siglo XIII en el emplazamiento actual, que esconde un claustro renacentista.

▼ Talavera de la Reina.

Especial interés despierta el conjunto formado por los **jardines del Prado** y la **basílica de Nuestra Señora del Prado.** Si los primeros acogen diversas muestras de cerámica talaverana, la basílica concentra una desbordante colección de azulejos realizados desde el siglo XVI a nuestros días, motivo por el que se la conoce como la "Capilla Sixtina" de la cerámica.

De la oferta museística que brinda Talavera merecen reseña el **Museo Etnográfico,** instalado en un lagar del siglo XVIII que perteneció al monasterio de Santa Catalina, y el **Museo de Cerámica Ruiz de Luna,** que ocupa parte de las dependencias del convento de San Agustín. Contiene el segundo una extraordinaria colección de piezas de cerámica, entre las que sobresale el retablo de Santiago. Gran parte de los fondos integran la colección del pintor, fotógrafo y ceramista Juan Ruiz de Luna Rojas.

▌NAVAMORCUENDE

La breve incursión que proponemos por la *sierra de San Vicente,* comarca que comprende una veintena de pueblos y es un pequeño paraíso para los amantes de la naturaleza y el paisaje, se detiene en **Navamorcuende** para ver la **iglesia de Santa María de la Nava,** templo renacentista diseñado y construido parcialmente por Pedro de Tolosa, discípulo de Juan de Herrera. Una sola nave, ábside poligonal, coro y torre a los pies. Grandes contrafuertes rematados por pináculos con bolas refuerzan los muros exteriores. Fábrica de sillería granítica. Alrededor del perímetro de la iglesia se escenifica en Navidad un belén viviente en el que participan más de 200 vecinos del pueblo y que recrea un poblado hebreo con casas y puestos de artesanía.

▌OROPESA

Oropesa conoció sus tiempos de esplendor de la mano de los Álvarez de Toledo, señores y condes de la villa, que dieron forma definitiva al castillo y fundaron un hospital, el colegio de Jesuitas y varios conventos.

Dos **castillos,** el nuevo y el viejo, integraban el sistema defensivo: el viejo, de origen árabe y construido entre los siglos XII y XIII, y el nuevo, levantado en el XV, en el que destaca la gallarda torre del homenaje. En un extremo del patio de armas abre sus puertas el palacio de los condes de Oropesa (siglo XV), convertido en parador de turismo desde el año 1930.

Otros monumentos reseñables son el citado **colegio de Jesuitas,** que tuvo privilegio de universidad

Museo Etnográfico

✉ Ronda del Cañillo, 22.
☎ 925 814 903.
◉ De martes a sábado, de 9/10 h a 14 h y de 17 h a 19 h. Domingo y festivos de 10 h a 14 h.

Museo de Cerámica Ruiz de Luna

✉ Plaza de San Agustín, s/n.
☎ 925 430 201.
🌐 https://ruizdeluna.com
◉ Del 16 de septiembre al 15 de junio, de martes a sábado de 10 a 14 h y de 16 a 18 h; domingo de 9.30 a 14.30 h.
Del 16 de junio al 15 de septiembre, de martes a viernes y festivos de 8.30 h a 15 h; sábado de 10 a 14 h y de 16 a 18 h; domingo de 9.30 a 14.30 h. Lunes, cerrado.

🛈 **Oficina de Turismo de Oropesa**

✉ Hospital, 25.
☎ 925 430 201.
🌐 www.oropesadetoledo.es
www.turismoropesatoledo.es

Castillo de Oropesa
- Plaza del Palacio, 1.
- 925 450 006.
- www.turismoropesatoledo.
  es
- De martes a sábado, de
  10 h a 14 h y de 16 h a
  18 h. Domingo y festivos,
  de 11 h a 14 h.
- 3 €.

Museo Marcial Moreno
- Lagartera. Fray Juan
  de los Ángeles, 11.
- 925 431 096 / 925 430 831.
- www.lagartera.es
- 1,90 €.

desde 1590 y contó con ocho cátedras; la **iglesia**
parroquial **de Nuestra Señora de la Asunción,** que
luce una atractiva portada plateresca; y el antiguo
Ayuntamiento (siglos XV-XVI), edificio que muestra
una bella fachada adornada con arcos conopiales.

La **capilla** herreriana **de San Bernardo** y tres
conventos intramuros (uno de ellos convertido en
hotel y otro situado en el paraje del Regajal) completan el catálogo de la arquitectura religiosa. En lo
que a la arquitectura civil se refiere, cabe citar el
arco y el **reloj de la Villa,** el **hospital de San Juan
Bautista,** la **casa natal de san Alonso de Orozco**
y la antigua **biblioteca popular.**

❙ LAGARTERA

Lagartera, patria de los bordados a mano, se encuentra muy cerca de Oropesa. Conviene visitar el
Museo Marcial Moreno, ubicado en una antigua
casa de labor, que, además de las obras del pintor
costumbrista citado, acoge piezas de cerámica, objetos religiosos y utensilios etnográficos. Destaca la
Sala de Bordado, rica en labores textiles y atavíos
populares. Digna de mención es la Fiesta del Corpus
Christi, cuyos orígenes se remontan a 1590. Junto
a las joyas textiles que engalanan el recorrido de la
procesión destacan el barroquismo, la riqueza y el
colorido de los trajes locales.

I PUENTE DEL ARZOBISPO

Siguiendo la CM-4100 se llega a Puente del Arzobispo, localidad que debe su nombre al puente sobre el Tajo mandado construir en el siglo XIV por el arzobispo de Toledo don Pedro Tenorio para facilitar el paso de los peregrinos que se dirigían a Guadalupe. Dignos de visita son el **templo parroquial** (siglos XIV-XVI), la **picota** de estilo gótico y el **palacio Arzobispal** (siglo XVII), cuyas muestras heráldicas testimonian su pasada dependencia de la mitra. El municipio, famoso por sus obras de cerámica de color verde adornadas con motivos zoomórficos y escenas de caza, cuenta con un **Centro de Interpretación de la Cerámica,** donde se puede contemplar el proceso de elaboración y decoración de las piezas. Se exponen en el centro obras de artesanos locales y de las distintas autonomías de España.

I VASCOS

Cerca de Puente del Arzobispo, pero en el término municipal de Navalmorejo, se encuentra la misteriosa **ciudad de Vascos.** Se trata de un enclave islámico del siglo IX rodeado de una extensa muralla construida con sillares de granito que se encuentra en razonable estado de conservación. Tenía baños y alcazaba.

Centro de Interpretación de la Cerámica

- ✉ Puente del Arzobispo. Matadero, 6.
- ☏ 925 436 162.
- ⏲ Visita guiada previa cita.
- 🎫 5 €.

Ciudad de Vascos (yacimiento arqueológico)

- 🌐 www.ciudaddevascos.com
- ⏲ Del 16 de mayo al 31 de enero, sábados de 10 h a 14 h.

▼ Vista de Oropesa.

Dónde...

GASTRONOMÍA

Si convenimos que los pueblos de gran riqueza cultural han acompañado siempre los gozos del espíritu con una tradicional dedicación al gozo de los sentidos, es un misterio histórico que Toledo, ciudad monumental y culta por antonomasia, no haya conservado junto a su acervo artístico la tradición gastronómica que de la ciudad podía esperarse. Porque Toledo es el centro urbano de una región riquísima en productos cocinables: es pródiga en manjares de la huerta, pimientos verdes y rojos, cebollas dulcísimas, berenjenas, calabacines... también finísimas leguminosas como lentejas y garbanzos, de todo lo cual han surgido los pistos, asadillos y los guisos más típicos. Toledo es monte y campo y ostenta el título de ser la primera región del mundo en producción de perdices, liebres y codornices y una de las más ricas en caza mayor: venados y jabalíes. En los corrales abundan las aves domésticas, pollos y gallinas, glorificadas por Cervantes. Y por ser tierra de trasiego arrieril, en la región tomaron carta de naturaleza los bacalaos, especias y salazones desde hace siglos. Y el cerdo: cada pueblo con sus chorizos y morcillas peculiares y una muy típica y generalizada dedicación al cochinillo en olor, sabor y presencia de cuchifrito. Hay lagos de aceite de oliva del más virgen y afamado en las tinajas de Mora. Y vino en tal cantidad que, con las demás provincias de Castilla-La Mancha, conforma la primera zona en el mundo en la producción de este néctar, legado por Noé. Todas estas materias están presentes hoy en las cocinas de los restaurantes toledanos, pero, aparte del famoso mazapán o la perdiz a la toledana, no podemos afirmar que Toledo tenga una gastronomía típica y autóctona que complete en la mesa el gozo contemplativo de sus calles.

▌Carnes

Porque tradición gastronómica la hay, solo que en los libros y no en las cartas de los restaurantes. Toledo, como ciudad mediterránea –cristiana, árabe y judía– llegó a combinar en sus cocinas familiares los guisos más inspirados de las tres culturas. El cocido, que se vino a Madrid con Felipe II, es uno de ellos. Este contundente plato que tomó carta de naturaleza en todo el país, con suculentas variantes regionales, es resultado de la conversión gastronómica de la adafina judía al compás de la conversión cristiana de los hijos de Israel; estos, para demostrar en la mesa la sinceridad de su conversión en los altares, añadieron a la adafina, el plato sabático de los hebreos, productos del cerdo: tocino, magro, chorizos y hasta inventaron el relleno o la bola, que es una reliquia conversa que recuerda los huevos duros típicos de la adafina.

El cordero fue uno de los animales más requeridos por los cocineros toledanos que realizaban variantes autóctonas del legado culinario árabe. La caldereta, muy común en los pueblos de la región, conserva resonancias mahometanas en el picado de almendras y el perfume de azafrán; el cordero asado, no al horno que esto es costumbre de Castilla la Vieja, sino cocinado al estilo moruno, en fuego muy fuerte y cogido con ganchos. Las pepitorias de gallina o las alboronías de verdura son la causa directa del nacimiento del famoso pisto manchego. No hay duda de que los toledanos tuvieron fama de buenos cocineros en nuestro Siglo de Oro; un viejo refrán dice: "Cocinero y cochero, tómalos de Toledo". Lo de cochero no tiene mayor explicación que la pericia adquirida por el trazado sinuoso de las calles, y tal vez por el peligro que en sus noches suponía recorrerlas sin un templado conductor que sorteara las trampas de zanjas y basuras, piedras y cascos y ahuyentara a tanta gente de mal vivir como aparece en los textos literarios o tratase con los alguaciles, que al decir de Lope de Vega debían ser de cuidado. Los cocineros toledanos eran buenos y de fama nacional por la demanda que de ellos había en la ciudad, la exigencia de sus nobles y, sobre todo, sus canónigos, que hasta nuestros días han conservado una bien ganada aureola de *gourmets*. Fue un canónigo de nuestros días precisamente, buen hombre y mejor comedor, don Alejandro Corral, quien nos dio la auténtica receta de la perdiz a la toledana que, en síntesis, es un estofado hecho con lentitud y poco fuego al que, una vez cocinado, se le raya un poco de chocolate negro en la salsa para ligarla y darle suavidad.

Famosas también en los siglos XV y XVI fueron las berenjenas de las huertas del Tajo, que llegaron a fijarse en otro refrán: "Los ajos de Quero y las berenjenas de Toledo". Muy apreciadas para una buena alboronía eran las llamadas "zocatas", que fueron una de las últimas aportaciones de los moriscos.

❚ Mazapán

El más universal, sin embargo, de los productos gastronómicos toledanos es sin ninguna discusión el mazapán, que no tiene refrán pero sí leyenda: se cuenta que durante el asedio de Toledo por Alfonso VI, la ciudad quedó sin alimento alguno que comer

❚ Pescados

Siguiendo el dictado de los refranes, hay uno más reciente que nos da cierta pista gastronómica: "De Toledo, pescador o pajarero". Hace años –durante la posguerra– los pajaritos fritos eran un bocado corriente en las ventas toledanas, pero ambas cosas, los pájaros y las ventas, han desaparecido del entorno de la ciudad. También es imposible conseguir unos buenos peces del Tajo, escabechados y conservados en tinajas de barro, muy típicos antaño de las fiestas y ferias toledanas. La contaminación del río dio al traste con este plato popular y su guiso más delicado: el ajopescador que, como su nombre indica, era una salsa a base de ajo con la que los pescadores cocinaban barbos y percas en las orillas de la Bajada del Barco y de Safont.

y la hambruna comenzó a torturar a sus habitantes, ricos y pobres. Unas mujeres musulmanas descubrieron en algún sótano sacos de almendras y de azúcar. Molieron ambos productos, los mezclaron con un poco de agua, le dieron forma de bollos y los hornearon, inventando así el mazapán. El dulce se fabrica todo el año en la ciudad, pero se convierte en una auténtica industria en Navidad. En la antigüedad era manjar típico de la fiesta de San Juan y de los bautizos.

En nuestros días, el panorama gastronómico de Toledo, salvo un par de meritorias excepciones, es monótono y pobre. Este panorama es la consecuencia de una conjunción de circunstancias: la cercanía de Madrid impone los productos del mercado nacional en detrimento de la despensa manchega o montaraz, el turismo mayoritario es de grupos y de efímera permanencia en la ciudad y los toledanos parecen despreciar los guisos típicos de la región. Así, en Toledo, podremos encontrar merluzas y rodaballos, solomillos y paellas, pero nos será difícil degustar un pisto, unas migas de pastor, un guiso de bodas, un tiznao, la caldereta, el pollo goloso, las pepitorias, la crema de vino, los melindres de Yepes e incluso los dormidos del Corpus Christi, que son unas tortas dulces que se degustaban en la fiesta de la ciudad. En la mayoría de los restaurantes se puede encontrar un menú turístico casi homogéneo para recuperar fuerzas con las que seguir la visita. Sin embargo, hay oasis gastronómicos de calidad en tres o cuatro restaurantes que sí se preocupan por la calidad y lo autóctono.

A continuación de este apartado se ofrece una relación de ellos y se garantiza el éxito si se sigue el consejo, pero lo adecuado es que se desechen los ofrecimientos de merluza, mariscos y cochinillos al horno, para poder apreciar los buenos platos de la región.

Causa asombro, como ejemplo, comparar la enorme riqueza cinegética de la provincia con las cartas de los restaurantes en los que es imposible encontrar los platos tradicionales de los Montes de Toledo a base de venado o jabalí. En los pueblos de estos montes sí los hay en las tabernas. Son guisos contundentes, cargados de especias y yerbas del monte, pero apropiados para los días de invierno.

▌ Vinos

En el capítulo de vinos, Toledo está bien servido. Aquí el producto no da la vuelta por la capital de España como ocurre con las demás vinadas, sino que viene directamente de La Mancha, que para eso se dice que Toledo es el cerro más alto de ella. Estos vinos reinan en el ancho campo de la uva airén y cencibel, que son las variedades típicas de La Mancha, pero se refuerzan con la garnacha de regiones limítrofes como Almansa, Méntrida y Tierra de Madrid. En las tabernas toledanas encontrará siempre un aceptable Valdepeñas y muy comúnmente algún vino inclusero de esos que llaman "de pueblo" que tanto gusta a los que no saben paladear.

Aunque los vinos manchegos tuvieron fama de abundantes y de baja calidad, las cosas han cambiado. ▶

Con tanta caza como rodea la ciudad imperial sería fácil recrear toda una cocina cinegética que gozara de las virtudes de toda una gama de posibilidades, desde el chorizo de venado a la alta cocina venatoria, en la que las bayas y frutas silvestres actuarán de acompañantes apropiados junto a los patés de caza menor, *mousses* y terrinas.

▌Quesos

Hay en el Museo de Santa Cruz tres encellas de la Edad del Hierro, dos encontradas en las excavaciones del cerro del Bú y la otra en la Encantada, en Layos. Estas encellas –moldes para hacer quesos y requesones– son la prueba más antigua de la afición toledana por los quesos.

Sin embargo, en la actualidad en cuanto a producción quesera, Toledo sigue siendo La Mancha y así el queso manchego, que ya tiene su denominación de origen, es el dueño y señor de la mesa. En los buenos restaurantes y ultramarinos se pueden encontrar, de primerísima calidad, quesos de leche pura de oveja sin pasteurizar. Para elegirlo conviene que se cerciore que lleve impreso la Denominación de Origen y comprobar que su pasta esté entre un tono marfileño y dorado, con algunos ojos diminutos. La corteza, dependiendo de su edad, va del blanco cremoso al gris muy oscuro y sobre ella debe apreciarse la huella del molde con el que se prensó la cuajada y de las tiras de esparto que abrazaron al queso. Puede comerse fresco, curado –varias etapas– y añejo. Este último metido en aceite durante más de un año.

Como colofón, una rareza: si el viajero llega entre primavera y verano, puede indagar por un postre original, los albaricoques de Toledo. Tienen la piel rosada y con pequeñas pecas y la particularidad, he aquí la rareza, de que no tienen la almendra amarga. Por eso a los toledanos se les llama "del hueso dulce".

▌Aceite

En el cerro de la Antigua de Mora comienzan, topográficamente, los Montes de Toledo. Y de los Montes es, precisamente, la Denominación de Origen Protegida que da cobertura al aceite de oliva virgen extra toledano (www.domontesdetoledo.com), que se extiende a 106 municipios de la provincia, el oro verde de la gastronomía local. Es un aove ideal para su uso en crudo, característico por su intenso frutado y sabor equilibrado.

▌Vinos

▶ Desde hace tiempo los bodegueros de la región han introducido métodos de elaboración modernos, de fermentación controlada, han aprendido a dar el valor preciso a los *coupages* para homogeneizar cada vino y han introducido, en muchos casos, tipos de uvas que, como la cavernet sauvignon, dan personalidad y calidad a los embotellados.

Muy lejos queda ya el *aloque*; el clarete preferido por los Austrias que de la Corte pasó a las tabernas de Madrid, siendo el vino más típico que los madrileños han bebido durante un par de siglos y que era un Valdepeñas producido al retirársele la casca antes de tiempo.

Pero esta lejanía no es motivo precisamente para llorar, ya que hoy en los buenos establecimientos toledanos se pueden degustar vinos soberbios procedentes de las denominaciones de origen que se producen en Toledo: los del dominio histórico de Valdepusa bajo la indicación Vinos de Pago de Castilla-La Mancha, los más septentrionales acogidos a la DO Méntrida y los tradicionales bajo el paraguas de la Indicación Geográfica Protegida en Castilla-La Mancha.

Restaurantes

TOLEDO CAPITAL

Adolfo

- ✉ Hombre de Palo, 7.
- ☎ 925 227 321.
- 🖥 https://adolfo
  restaurante.com/
- 🍽 Menú: desde 88 €.

El comedor de este exquisito restaurante está instalado en una casa que conserva magníficos artesonados de los siglos XIV y XV. Cocina toledana creativa. Bodega con más de 2.400 referencias.

As de Espadas

- ✉ Paseo de la Rosa, 64.
- ☎ 925 212 707.
- 🍽 Precio medio: 50 €.

El relevo generacional ha permitido a este restaurante situarse en un lugar privilegiado dentro de la gastronomía provincial. Excelente bodega.

La Fábrica de Harinas

- ✉ Reyes Católicos, 5.
- ☎ 925 283 549.
- 🖥 www.hotelsanjuan
  delosreyes.com
- 🍽 Menú: desde 26 €.

Bueno, bonito y delicioso: así es el perfil culinario de este restaurante. No te dejes engañar por las 4 estrellas del hotel: cocina tradicional con toques modernos y unas excelentes materias primas toledanas. De lo mejorcito.

Hierbabuena

- ✉ Ctra. de Circunvalación, 1.
- ☎ 925 223 924.
- 🖥 https://restaurante
  hierbabuena.com
- 🍽 Precio medio: 40-50 €.

En este establecimiento se puede degustar una suculenta cocina de mercado que se sirve en el patio acristalado con excelentes vistas.

Alfileritos 24

- ✉ Alfileritos, 24.
- ☎ 925 239 625.
- 🖥 https://alfileritos24.com
- 🍽 Precio medio: 35-45 €.

Ocupa un edificio del siglo XIV reformado, que mantiene la estructura original alrededor de un patio y se organiza en seis alturas distintas. Cocina regional con toques de actualidad.

La Orza

- ✉ Descalzos, 5.
- ☎ 925 223 011.
- 🖥 www.restaurante
  laorza.com
- 🍽 Precio medio: 35 €.

En plena judería, elabora una cocina tradicional alejada del rebuscamiento. Se pueden degustar patatas gratinadas con bacalao y torreznos fritos, lomos de bacalao horneados con ajo y perejil, cordero relleno con salsa de *foie* o natillas de mazapán.

Federico

- ✉ Plaza Juego de Pelota, 7.
- ☎ 925 274 690.
- 🍽 Precio medio: 50 €.

Integrado dentro del hotel Eugenia de Montijo, orienta sus propuestas gastronómicas hacia una cocina actualizada sin olvidar la tradición local.

La Ermitaña

- ✉ Ctra. de Circunvalación, s/n.
- ☎ 925 253 193.
- 🖥 https://laermitana.es
- 🍽 Precio medio: 35 €.

Este restaurante, que se asoma al espectáculo de las tejas y a la hondura del Tajo, combina la contemplación estética de la ciudad con la práctica de una cocina de mercado con toques creativos.

PROVINCIA
Almonacid de Toledo

Mar de Olivos

- ✉ Ctra. Almonacid a Chueca, s/n.
- ☎ 925 960 871.
- 🖥 www.villanazules.com
- 🍽 Precio medio: 50 €.

En el exclusivo hotel Villa Nazules, el restaurante se orienta hacia una cocina mediterránea creativa que presenta una exquisita y elaborada carta que cambia cada temporada. Vinos de Castilla-La Mancha y carta de degustación de aceites.

Illescas

El Bohío

- ✉ Avda. de Castilla-La Mancha, 81.
- ☎ 925 511 126.
- 🖥 www.elbohio.net
- 🍽 Menú: 80-110 €. Degustación: 160 €.

En este templo de la cocina vanguardista se brinda una cocina de autor que, desde sus raíces castellanas, se remonta hasta la más alta depuración técnica, sin olvidar la claridad conceptual y la sencillez. Una estrella en la Guía Michelin. Su extraordinaria carta de vinos, compuesta de más de 800 referencias de todos los rincones del planeta, ha recibido diversas distinciones.

Mora

La Zafra

- ✉ Calvario, 112.
- ☎ 925 341 960.
- 🍽 Precio medio: 30 €.

Cocina que combina muestras de la gastronomía tradicional con toques modernos. Platos de caza. Postres caseros.

Navahermosa

Artesana

✉ Avenida San Francisco, 4 (en Hontanar, a 6 km).
☎ 622 152 281.
🍽 Precio medio: 20 €.
Carnes y caza. Comedor acogedor.

Ocaña

Palio

✉ Mayor, 12.
☎ 925 130 045.
🌐 https://paliorestaurante.es
🍽 Menú Palio: 28 €.
Los hermanos Monedero emprendieron en 2009 un proyecto restaurador basado en el cuidado del detalle. Las materias primas de la comarca son el fundamento de una cocina de mercado bien elaborada que se sirve en dos salones independientes. Bodega seleccionada con marcas de la zona.

Olías del Rey

La Casa del Carmen

✉ Autovía Madrid-Toledo, km 61,2.
☎ 925 490 759.
🍽 Precio medio: 50 €.
Cocina castellana que intenta armonizar modernidad con tradición. Recomendables la morcilla estofada y los callos a la madrileña.

La Puebla de Montalbán

Asador El Nogal

✉ Avda. de Madrid, 6.
☎ 925 751 502.
🍽 Precio medio: 30 €.

Cocina tradicional actualizada que invita a degustar verduras, arroces, pescados, lechazo asado, perdiz estofada y otros platos de caza. Ambiente familiar y agradable.

Talavera de la Reina

Anticuario

✉ Avda. de Madrid, 1.
☎ 651 688 775.
🍽 Precio medio: 45 €.
En sus tres amplios y elegantes salones se sirven platos elaborados con recetas procedentes tanto de la cocina tradicional como de la moderna. Bodega actualizada.

Penalty

✉ Cabeza del Moro, 5-7.
☎ 925 815 344.
🌐 www.marisqueria penalty.com
🍽 Precio medio: 36 €.
Marisquería muy popular con una gran oferta de mariscos y pescados muy frescos.

El Monasterio

✉ Real Fábrica de Sedas, 3.
☎ 925 830 102.
🌐 www.elmonasterio detalavera.com
🍽 Precio medio: 30 €.
En el paseo ribereño del Tajo, muy cerca del casco histórico. Comedor rústico con mucho encanto para degustar carnes y mariscos.

Torrico

Tierra

✉ Ctra. de Oropesa a Puente del Arzobispo, km 9.
☎ 925 457 534.
🌐 www.valdepalacios.es
🍽 Precio medio: desde 50 €.

Una dehesa de 600 ha y un hotel de cinco estrellas (Valdepalacios) sirven de marco a este restaurante. Platos modernos de compleja elaboración y ardua arquitectura. Selecta carta de vinos.

Las Ventas con Peña Aguilera

Casa Parrilla

✉ Avda. de Toledo, 3.
☎ 925 418 207.
🌐 www.casaparrilla.es
🍽 Precio medio: 35-50 €.
Ubicado en un antiguo pozo de agua que presenta un comedor con zócalo de azulejos y una bodega con nichos de ladrillo. Huerto ecológico propio. Caza y productos castellano-manchegos aparecen como pilares de su carta.

Villacañas

Montes

✉ Ctra. Tembleque, 1.
☎ 925 160 205.
🍽 Precio medio: 35 €.
Referente acreditado de la cocina tradicional, con toques manchegos y cocina de mercado. Guisos, gachas y carnes son los productos culinarios más demandados.

Yeles

El Horno de Yeles

✉ Diputación, 9.
☎ 925 545 568.
🌐 www.elhorno deyeles.com
🍽 Precio medio: 40 €.
Está especializado en asados al horno de leña y en carnes al carbón, pero también ofrece mariscos y pescado fresco. Amplio local y años de experiencia.

Tapas y copas

La Abadía

- ✉ Pza. de San Nicolás, 3.
- ☎ 925 192 251.
- 🌐 https://abadiatoledo.com

Palacio del siglo XVI que conserva sus típicas bóvedas. Este local ofrece tapas y carta de cervezas selectas, en barril y en botella, de diferentes países. Pulgas que se preparan con productos de la tierra.

Casa Ludeña

- ✉ Pl. Magdalena, 10.
- ☎ 925 223 384.

Son típicas sus carcamusas, nombre que se le da al magro de cerdo picante condimentado con guisantes y tomate.

Café del Círculo

- ✉ Plaza de San Vicente, 2.
- ☎ 925 256 653.
- 🌐 https://circuloarte toledo.org/ocio-cafeteria

La antigua iglesia de San Vicente se ha transformado en foro cultural que acoge manifestaciones de artes plásticas y escénicas, así como actividades musicales. Desayunos especiales y tapas por la mañana. A partir de las 10 de la noche se convierte en sala de baile.

Cerveceria Lúpulo Craft Beer

- ✉ Travesía Aljibillo, 4.
- ☎ 722 388 605.

Reabierta en 2018, típica cervecería con oferta de tapas, pulgas, ensaladas y patatas preparadas de distintas formas.

Taberna El Embrujo

- ✉ Santa Leocadia, 6.
- ☎ 925 210 706.
- 🌐 www.tabernaembrujo.com

Ofrece una cuidada selección de productos tradicionales y gourmet, desde croquetas de ciervo a chipirones encebollados. Buena terraza.

Sala Pícaro Toledo

- ✉ Cadenas, 6.
- ☎ 925 221 301.
- 🌐 https://sala.picarotoledo.com

Conciertos, exposiciones, grupos musicales, fiestas, ritmos, actuaciones, gente divertida.

Taberna Botero

- ✉ Ciudad, 5.
- ☎ 925 280 967.
- 🌐 https://tabernabotero.com

Casa antigua de dos plantas donde, en un ambiente relajado, se viven nuevas sensaciones inducidas por los vinos de autor y la cocina creativa.

La Tabernita

- ✉ Santa Fe, 14.
- ☎ 925 213 006.
- 🌐 https://tabernitatoledo.com

Cañas, tapas, sidras y vinos reza la leyenda de la puerta. Hojaldre de puerros y verduras y torrada de ibéricos y cabrales.

Trópico Toledo

- ✉ Plaza Horno de la Magdalena, 1.
- ☎ 635 657 793.
- 🌐 www.tropicotoledo.com

Discoteca abierto por la noche de miércoles a sábado.

Cervecería Trébol

- ✉ Santa Fe, 1.
- ☎ 925 281 297.
- 🌐 https://cerveceriatrebol.com

Está especializada en pulgas y cazuelas de diversos tipos. También ofrece platos combinados, menú y parrillas. La tapa estrella es, sin duda alguna, la bomba.

Venta del Alma

- ✉ Carretera de Piedrabuena, 35.
- ☎ 925 254 245.

Venta del siglo XVII que se ha convertido en lugar de solaz y diversión. Aconsejable para charlas de sobremesa o celebraciones nocturnas. Chimenea encendida en las tardes de invierno y patio lleno de frescor en las noches de estío.

∎ Alojamiento

TOLEDO CAPITAL

Hotel Cigarral El Bosque*****

- ✉ Ctra. de Navalpino, 49.
- ☎ 925 285 640.
- 🖥 www.hotelcigarral elbosque.com
- 🛏 Habitación doble: desde 58 €.

Este cigarral se ha convertido en espléndido hotel con vistas a la vega y la ciudad histórica. Tiene 58 habitaciones de alto nivel, amplias, luminosas y provistas de terraza. Ambiente acogedor, con suelos de barro cocido y baños de mármol. Terraza con piscina, salones para celebraciones y jardines.

Hotel Eugenia de Montijo Autograph Collection*****

- ✉ Plaza del Juego de Pelota, 7.
- ☎ 925 274 690.
- 🖥 www.marriott.com
- 🛏 Habitación doble: desde 95 €.

En pleno casco histórico, a unos 200 m de la catedral, el hotel ocupa el antiguo palacio de Eugenia de Montijo, esposa de Napoleón III. Además de integrar elementos del sistema hidráulico romano, aporta exclusividad y lujo. Extremado confort. Spa y *fitness club*. Salones con la última tecnología para reuniones de empresa.

AC Hotel Ciudad de Toledo****

- ✉ Ctra. de Circunvalación, 15.
- ☎ 925 285 125.
- 🖥 www.marriott.com
- 🛏 Habitación doble: desde 70 €.

A unos 5 minutos en coche del centro histórico y en la zona de los cigarrales se alza este hotel que goza de espléndidas vistas sobre la ciudad y el Tajo. Ocupa el edificio que albergó la fábrica de cerámica de Sanguino. Equipamiento de alto nivel y servicio esmerado. *Fitness center*.

Hotel Beatriz Toledo Auditorium & Spa****

- ✉ Concilios de Toledo, s/n.
- ☎ 925 269 100.
- 🖥 www.beatrizhoteles. com
- 🛏 Habitación doble: desde 65 €.

De grandes dimensiones y amplias instalaciones, ubicado en la zona residencial de Toledo, a 5 minutos del casco antiguo. Spa con diversos tratamientos de relajación. Piscina exterior y 7.000 m² de jardines.

Sercotel Toledo Renacimiento****

- ✉ Marqués de Mendigorría, 8-12.
- ☎ 925 284 129.
- 🖥 www.sercotelhoteles. com
- 🛏 Habitación doble: desde 65 €.

Su ubicación frente a la plaza de toros permite un cómodo acceso al casco histórico. Exhibe un gran patio cubierto con una cúpula de cristal. Elegante mobiliario y decoración basada en colores terracota.

Hotel Boutique Adolfo****

- ✉ Plaza Zocodover, 14.
- ☎ 925 252 919.
- 🖥 https://hotelboutique adolfo.com
- 🛏 Habitación doble: 100 €.

Situado en un edificio histórico de la plaza de Zocodover, cuenta con 9 habitaciones dobles y 3 suites, solo para adultos. El restaurante ofrece el sello de un renombrado cocinero local.

Hotel Pintor El Greco****

- ✉ Alamillos del Tránsito, 13.
- ☎ 925 285 191.
- 🖥 www.hotelpintor elgreco.com
- 🛏 Habitación doble: desde 70 €.

Panadería del siglo XVII restaurada y convertida en hotel, que ocupa un céntrico lugar del Toledo histórico. Un total de 60 habitaciones organizadas alrededor de un patio de varias alturas. Estilo rústico, paredes de mampostería, ladrillo visto y vigas de madera.

Parador de Turismo****

- ✉ Cerro del Emperador, s/n.
- ☎ 925 221 850.
- 🖥 https://paradores.es
- 🛏 Habitación doble: desde 90 €.

A 4 km de Toledo y con el Tajo y la ciudad histórica a sus pies, el edificio se ha reformado de forma meticulosa, dotándole de modernidad y confort, con motivos mudéjares sembrados en alfombras y azulejos. Terraza.

Hotel San Juan de los Reyes****

- ✉ Reyes Católicos, 5.
- ☎ 925 283 535.
- 🖥 www.hotelsanjuan delosreyes.com
- 🛏 Habitación doble: desde 75 €.

El edificio neomudéjar de finales del siglo XIX ubicado en el barrio judío, acoge desde 2003 este hotel que cuenta con 38

habitaciones, todas ellas dotadas con bañeras de hidromasaje. Decoración funcional, ambiente relajado y trato excelente.

Hotel Abad***
- ✉ Real del Arrabal, 1.
- ☎ 925 283 500.
- 🖰 www.hotelabad.com
- 🖿 Habitación doble: desde 66 €.

Antigua herrería transformada en hotel junto a la puerta del Sol. Dispone de 22 habitaciones diferentes y abuhardilladas, con vigas de madera en el techo y paredes de ladrillo. Atención personalizada.

Hacienda del Cardenal***
- ✉ Paseo de Recaredo, 24.
- ☎ 925 224 900.
- 🖰 www.haciendadel cardenal.com
- 🖿 Habitación doble: desde 102 €.

La que fue quinta de verano del cardenal Lorenzana acoge este hotel que destaca por su tranquilidad. Alberga 27 habitaciones confortables, decoradas con cabeceros de madera, techos del mismo material y baños con azulejos pintados a mano.

Hotel Casona de la Reyna***
- ✉ Carreras de San Sebastián, 26.
- ☎ 925 282 052.
- 🖰 www.casonade lareyna.com
- 🖿 Habitación doble: desde 55 €.

Se sitúa en la zona sur de la ciudad, junto al convento de San Gil y cerca del Museo del Greco. Edificio construido sobre una casa original del siglo XVI que conserva un horno y un aljibe medievales. Cuenta con 25 habitaciones exteriores decoradas en tonos cálidos. Mobiliario funcional.

Hotel Cigarral de Caravantes***
- ✉ Ctra. de Circunvalación, 2.
- ☎ 925 283 680.
- 🖰 https://cigarralde caravantes.com
- 🖿 Habitación doble: desde 59 €.

En la que fue finca de recreo del señor de Caravantes, compositor y músico del siglo XVIII, se ha construido este hotel que dispone de 22 habitaciones con terraza, salones, piscina, jardines y miradores. Decoración elegante con apuntes de modernidad.

Hotel Santa Isabel**
- ✉ Santa Isabel, 24.
- ☎ 925 253 120.
- 🖰 www.hotelsanta isabeltoledo.es
- 🖿 Habitación doble: 59 €.

En pleno centro histórico, el hotel ocupa un palacio toledano del siglo XV dotado con modernas instalaciones y servicios. Céntrico, cómodo y limpio.

Hostal La Posada de Manolo**
- ✉ Sixto Ramón Parro, 8.
- ☎ 925 258 985.
- 🖰 www.laposada demanolo.com
- 🖿 Habitación doble: desde 79 €.

Vivienda familiar rehabilitada. Dos terrazas, una de ellas espléndida, desde la que se contempla el ábside de la catedral.

PROVINCIA
Calzada de Oropesa

Hotel La Botica**
- ✉ Hospital, 19.
- ☎ 676 389 381.
- 🖰 www.labotica.net
- 🖿 Habitación doble: desde 59 €.

Antigua botica reconvertida al turismo rural en la que llegó a alojarse Joaquín Sorolla en 1912. En el centro de Oropesa, dispone de 5 habitaciones. Elegante y confortable.

Carranque

Hotel Comendador****
- ✉ Serranillos, 32.
- ☎ 925 529 566.
- 🖰 www.hotel comendador.es
- 🖿 Habitación doble: desde 66 €.

Decorado en estilo moderno y reminiscencias castellanas, el hotel brinda posibilidades de ocio y atractivos turísticos como la visita al yacimiento de Carranque. Cuenta con el restaurante El Zaguán y el spa *Domus Aurea*.

Consuegra

Hotel Rural La Vida de Antes***
- ✉ Colón, 2.
- ☎ 626 652 889.
- 🖰 www.lavidadeantes.com
- 🖿 Habitación doble: desde 70 €.

Típica casa manchega del siglo XIX que cuenta con patio interior, biblioteca con chimenea y terraza. Las estancias, con techos altos y grandes ventanales, se abren al patio central acristalado.

La Iglesuela del Tiétar

Hotel Rural El Tejarejo
- ✉ CL 501, km 37,500.
- ☎ 678 212 417.
- 🖿 Habitación doble: desde 60 €.

En una casona de reciente construcción que respeta la arquitectura de la zona se ofrecen 12 habitaciones y un restaurante de comida casera basado en los productos de la zona. Decoran las estancias muebles rústicos de calidad. Piscina y sauna finlandesa.

Nambroca

Hotel Villa Nazules**

- ✉ Ctra. Almonacid a Chueca, s/n.
- ☎ 925 960 871.
- 🖥 www.hotelvillanazules. com
- 🛏 Habitación doble: desde 60 €.

Lujoso complejo hotelero rodeado de olivos que abre sus puertas cerca de Toledo. Ofrece habitaciones exteriores, con balcón y decoración primorosa. Amplios jardines. Cuenta también con instalaciones de hípica, restaurante y spa.

Ocaña

Hotel y apartamentos Los Hermanos**

- ✉ Plaza Pilarejo, 14.
- ☎ 925 120 794.
- 🖥 www.hotellos hermanos.es.
- 🛏 Apartamento/día: desde 55 €.

Pequeño hotel de habitaciones acogedoras y apartamentos bien equipados. Restaurante. Estancia mínima de dos días.

Orgaz

La Posada de la Cal

- ✉ Ctra. N 401, km 103.
- ☎ 925 347 209.
- 🖥 https://posadadelacal. com
- 🛏 Habitación doble: desde 50 €.

Doce habitaciones. Funcional y moderno. El establecimiento cuenta también con un asador.

Oropesa

Parador de Oropesa**

- ✉ Pl. del Palacio, 1.
- ☎ 925 430 000.
- 🖥 https://paradores.es
- 🛏 Habitación doble: desde 80 €.

El castillo-palacio del siglo XIV que fuera casa solariega de los condes de Oropesa, fue convertido en un magnífico parador que goza de vistas privilegiadas. Maderas nobles, lámparas, óleos, cerámicas, artesonados y obras de artistas contemporáneos crean un clima acogedor. Cuenta con un restaurante donde se pueden degustar especialidades de la zona como cabrito, cordero, migas del Arañuelo y perdiz escabechada, entre otras.

Segurilla

El Mirador de la Atalaya

- ✉ Cervera, 16.
- ☎ 616 921 760.
- 🛏 Casa completa: desde 31 €/ persona y noche.

Villa campestre con 8 habitaciones y finca privada de 4.000 m² de jardines. Hasta 20 personas de capacidad.

Talavera de la Reina

Hotel Ébora**

- ✉ Avda. de Madrid, 1.
- ☎ 925 807 600.
- 🖥 www.hotelebora. com
- 🛏 Habitación doble: desde 55 €.

Goza de una excelente ubicación, pues se encuentra muy cerca de la basílica de Nuestra Señora del Prado. Aparcamiento propio para los clientes.

Be Live City Center Talavera**

- ✉ Avda. de Toledo, s/n.
- ☎ 925 727 200.
- 🖥 www.belivehotels.com
- 🛏 Habitación doble: desde 63 €.

Moderno hotel situado en la zona comercial de Talavera, junto a la estación de autobuses. Habitaciones funcionales, elegantes y perfectamente equipadas. Destacan las habitaciones de categoría doble superior, que miden 52 m².

El Toboso

Hospedería Casa de la Torre

- ✉ Antonio Machado, 16.
- ☎ 925 568 006.
- 🖥 www.espaciocasa delatorre.com
- 🛏 Habitación doble: desde 79 €.

Vivienda solariega que data del siglo XVII. Dispone de dos patios, 14 alcobas, corredor techado, bodega, comedor, aposento de libros, gabinete de lectura. La hospedería, excelentemente ambientada, se ha convertido en un centro de difusión cultural. Hasta la gastronomía se inspira en los textos cervantinos.

Torrico

Hotel Valdepalacios***GL y Restaurante Tierra**

- ✉ Ctra. de Oropesa a Puente del Arzobispo, km 9.
- ☎ 925 457 534.
- 🖥 www.valdepalacios. es
- 🛏 Habitación doble: desde 275 €.

Casa de recreo del siglo XIX ubicada en una dehesa de encinas de 600 hectáreas. Cuenta con 29 habitaciones de 40-80 m² decoradas de forma original y personalizada. Naturaleza en estado puro. Exquisita zona spa y restaurante gastronómico. Actividades y servicios dentro de la propia finca como pesca, caza, paseos a caballo...

Torrijos

Hotel La Salve**
- ✉ Pablo Neruda, 10.
- ☎ 925 775 263.
- 🖥 www.hotellasalve.com
- 🛏 Habitación doble: 79€.

Antigua finca agrícola convertida en complejo hotelero. Biblioteca dedicada a eventos empresariales y spa utilizable de forma privada. Servicios a cazadores. *Bike friendly*.

Valdeverdeja

La Almazara de Valdeverdeja
- ✉ Camino del Pilón, 2.
- ☎ 925 454 804.
- 🖥 www.escapadarural.com
- 🛏 Habitación doble: desde 65 €.

Almazara convertida en complejo de turismo que cuenta con casa rural, edificio de la vieja prensa de aceite y 10 villas cada una independiente. La casa rural tiene 6 habitaciones dobles y 1 suite asomadas a un patio abierto. Todas las villas se componen de habitación, baño y terraza. Bicicletas gratuitas para los clientes, servicio de masajes y piscina exterior. Ambiente relajado y mucho cuidado por los detalles.

▌Compras

ARTESANÍA

Existe en Toledo una gran tradición artesana de muy antiguo, destacando varias disciplinas:

Técnica del damasquinado: Incrustación de hilos o láminas de oro o plata sobre otros materiales menos nobles y más duros como hierro, bronce, acero o cobre. En este trabajo se utilizan o bien motivos ornamentales árabes (flores y dibujos geométricos) o renacentistas (rostros, medallones) o bien motivos más modernos.

Espadería: Elaboración de espadas siguiendo la tradición de los nobles aceros toledanos.

Cerámica: Tienen fama la cerámica de Talavera, la de El Puente del Arzobispo y Toledo. Estas actividades, junto al cincelado, los bordados, la forja, la hojalatería, cuero y madera conforman la oferta artesana de la ciudad.

Cuchillería Merino
- ✉ Tornerías, 27.
- ☎ 925 223 132.

Tienda de cuchillería y espadería tradicional toledana.

La Espada Artesana
- ✉ Comercio, 31.
- ☎ 672 081 170.
- 🖥 www.laespadaartesana.com

Piezas de cuchillería, navajas artesanas y espadas de colección.

Simón Artesanía
- ✉ Pl. San Vicente, 1.
- ☎ 635 095 751.

En pleno centro, el establecimiento está especializado en trabajos de damasquinado y grabados.

Espadas Mariano Zamorano
- ✉ Callejón Santa Clara, 2.
- ☎ 621 332 819.
- 🖥 www.marianozamorano.com

Maestro que mantiene la fabricación artesanal de la espada toledana y produce todo tipo de armas blancas. Todos los productos llevan la marca de artesano MZ Toledo.

Oro y acero
- ✉ Real del Arrabal, 16.
- ☎ 650 010 418.
- 🖥 www.espadasyorodetoledo.com

En el centro del casco histórico esta tienda ofrece trabajos de damasquinado, una amplia gama de espadas y muchas piezas de cuchillería.

Simian
- ✉ Santa Úrsula, 6.
- ☎ 925 250 546.

Local situado frente a la entrada por el convento de Santa Úrsula. Está especializado en grabados, cincelados y damasquinados. Ofrece una amplia colección de joyas del arte toledano.

Julián Oliva
- ✉ San Juan de Dios, 1 y 4.
- ☎ 925 222 506.
- 🖥 https://julianoliva.com

Auténticas labores de Lagartera, hechas a mano y lavables, realizadas mediante la técnica del deshilado y el bordado en tela de hilo.

Miguel Ángel Lancha
- ✉ San Juan de los Reyes, 1.
- ☎ 925 222 718.
- 🖥 ceramicasefardi.blogspot.com.es

Taller donde se pueden contemplar y adquirir piezas de este artista toledano que ha participado en numerosas exposiciones y acumula experiencia como profesor.

Cerámica J. Serrano
✉ San Juan de Dios, 16.
☎ 925 227 535.
🌐 www.ceramica
jserrano.com
Especializada en reproducción de cerámicas antiguas, a dos pasos de la puerta del Cambrón.

MAZAPANES Y DULCES
La tradición árabe legó el secreto de los dulces más afamados: los mazapanes. Además, Toledo tiene una larga tradición en dulces de origen conventual. Se pueden encontrar en:

Mazapanes Conde
✉ Plaza Valdecaleros, 8.
☎ 925 254 051.
🌐 www.mazapanes
conde.com
Obrador artesano fundado a finales del XIX, muy cerca de Santo Tomé.

Convento de San Antonio de Padua
✉ Santo Tomé, 27.
☎ 925 224 047.
Roscos, yemas, corazones, mazapanes, manchegos y suspiros de almendra.

Convento de San Clemente
✉ San Clemente, 1.
☎ 925 222 547.

Mazapanes y pastelería de la casa (piñones, pastas de almendras, delicias, figuritas) desde 1212 en este convento que se proclama «cuna del mazapán».

Convento de Santo Domingo El Antiguo
✉ Plaza de Santo Domingo El Antiguo.
☎ 925 222 930.
Mazapanes artesanos y dulces conventuales.

La Catedral del Mazapán
✉ Cuesta de los Pajaritos, 8.
☎ 925 594 036.
Auténtico mazapán de Toledo elaborado de forma artesanal. También tienda en la calle Nuncio Viejo, 2.

Convento la Concepción Agustina
✉ Gaitanas, 4.
☎ 925 224 467.
Especialidad en "Gaitanitas", mazapán supremo y delicias.

Santo Tomé
✉ Santo Tomé, 3.
☎ 925 223 763.
🌐 https://mazapan.com
Desde 1856 está abierto este obrador que elabora sus productos de

acuerdo con una fórmula del siglo XIII. Tiene otra tienda en Zocodover.

GASTRONOMÍA

Aquiles Gourmet
✉ Paseo de la Rosa, 132.
☎ 670 711 976.
🌐 www.aquiles
gourmet.com
Amplia selección de productos de la tierra, entre los que cabría destacar queso manchego, aceite de oliva virgen, azafrán, vino y mazapán.

MQM Museo del Queso Manchego de Toledo
✉ Sixto Ramón Parro, 7.
☎ 925 621 799.
🌐 www.museodelqueso
manchego.com
Quesos regionales, con sala de catas, vinos de distintas DO y un pequeño museo. A dos pasos de la catedral.

Casa Cuartero
✉ Hombre de Palo, 5.
☎ 925 222 614.
🌐 https://casacuartero.com
La casa, fundada en 1920, expone en sus vitrinas y guarda en sus estanterías una amplia muestra de productos típicos de la región.

Información práctica

▌Enero

San Pablo de los Montes. Fiesta de la Vaca. El día 25. La fiesta comienza días antes con la reseña. La noche anterior se hace la luminaria, gran hoguera de leña para que se calienten los asistentes; esta velada se ameniza con chocolate y baile. Tras las procesión, se comen tostones y se bebe limonada. Declarada de Interés Turístico Regional.

En **Alcaudete de la Jara.** Fiesta de La Soldadesca. El día 23. Compuesta por un general, un coronel, un abanderado, tamborileros y alabarderos, desfila por las calles del pueblo después de la misa mayor, bailando luego en la plaza una danza típica.

▌Marzo

Illescas. Fiestas del Milagro de la Virgen de la Caridad. El día 11 de marzo, en el que se celebran ferias y novilladas.

En **El Carpio del Tajo. Fiestas de la Virgen de Ronda.** Día 30 (domingo siguiente a Resurrección). Romería con traslado de la Virgen desde su santuario, en la ermita de Ronda, a orillas del río Tajo, hasta la iglesia parroquial. Festejos y bailes populares.

En **Puente del Arzobispo. Romería** que se celebra el lunes de Pascua a la ermita de Ntra. Señora de Bienvenida.

En **Toledo,** es impresionante la **Procesión del Silencio,** en **Semana Santa,** con una hermosa talla del siglo XVIII recorriendo las calles.En **Ocaña,** el Viernes Santo curiosa procesión con imágenes articuladas.

En **Talavera de la Reina,** el martes de Pascua. **Fiesta de las Mondas** (sábado siguiente al Domingo de Resurrección, con una duración de quince días). De gran interés etnológico,conserva restos de los cultos paganos dedicados a la diosa Ceres, con ofrenda de los primeros frutos de la temporada a la Virgen del Prado.

▌Abril

El día 14, en **Yepes,** el Domingo de Reurrección es tradicional el **manteamiento del pelele** por las jóvenes de los distintos barrios, entonando al mismo tiempo canciones típicas.

El último domingo de abril en **Mora de Toledo, Fiesta del Olivo,** declarada de interés turístico. Se celebra como colofón de las faenas de recolección de la aceituna. Comienza con el pregón y elección

---

TRANSPORTES

▌Autobuses

Autobuses urbanos
La mayor parte de las líneas que comunican la ciudad parten de la plaza de Zocodover y en las paradas se encuentran los recorridos y los horarios.
Autobuses interurbanos. Todos los autobuses parten de Toledo desde la Estación de autobuses:
✉ Avda. Castilla-La Mancha, s/n.
☎ 925 330 440.
Compañía Alsa
Línea Toledo-Madrid.
☎ 910 207 007.
🖥 www.alsa.es

▌Taxis

En la ciudad de Toledo las paradas están situadas junto a la estación de autobuses, la plaza de Zocodover, la Puerta de Bisagra, Pº del Tránsito y la estación de ferrocarril.
Radio-Taxi
☎ 925 255 050.
🖥 radiotaxitoledo.es

▌Aparcamientos

Toledo es una ciudad con problemas de aparcamiento, por la estrechez de sus calles y la afluencia de tráfico. Por este motivo es aconsejable aparcar fuera del recinto amurallado y realizar los desplazamientos a pie. Numerosas calles del centro tienen acotadas zonas de aparcamiento

de la reina de las fiestas. Exposición de ganado, maquinaria agrícola, aceites y derivados. Exposición de alfombras de nudo y muebles de estilo clásico español, construidos en la localidad. Desfile de carrozas y carros engalanados.

El último domingo de abril en **Maqueda, Fiesta de la Virgen de los Dedos,** se celebra con Moros y Cristianos.

El día 30, en **Ocaña,** se celebra en honor de la Santísima Virgen de los Remedios, los **Mayos de la Mancha.** A las doce de la noche una enorme multitud llena la plaza de San Juan. La imagen de la Virgen, situada en una hornacina en la puerta de la iglesia, aparece vistosamente adornada con arcos de flores, banderas y luces. Una muchacha canta los mayos, después todos los participantes se dirigen a distintos puntos de la localidad, donde existen también hornacinas con imágenes, cantando los ancestrales mayos.

▍Mayo

El día 1, en **Santa Cruz de la Zarza, Fiesta de la Rondalla;** una rondalla recorre el pueblo cantando mayos.

En **Villacañas,** el día 1, **Cristo de la Viga.** Los danzantes del Santísimo Cristo de la Viga es una de las singularidades de la provincia entre las numerosas romerías que tienen lugar en primavera.

En **Almorox,** el día 2, las **Fiestas Patronales.** Se festejan las fiestas en honor del Santísimo Cristo de la Piedad con la bajada de la imagen del Cristo desde su ermita hasta la iglesia parroquial, acompañado de la banda de música y entonándose canciones en distintos lugares del recorrido. Fuegos artificiales y verbena.

El día 2 en **Noblejas, Fiestas del Santísimo Cristo de las Injurias,** novilladas populares y fuegos artificiales (desde el 30 de abril al 3 y 4 de mayo).

En **Navahermosa, Romería de la Milagra,** el tercer domingo de mayo, típica romería a un santuario enclavado en los Montes de Toledo, a 2 km del pueblo, y que se viene celebrando desde el siglo XIII, con gran asistencia de caballistas ricamente enjaezados. Desde los pueblos de Hontanar y Navahermosa parten sendas procesiones con la imagen de la Virgen, para juntarse en la cruz del milagro, lugar donde empezó a llover copiosamente, en medio de una tremenda sequía. Canto de las típicas rondeñas.

▍Junio

En **Toledo** capital, el jueves de la novena semana después de la Semana Santa se celebra la procesión

donde se debe pagar por estacionar.

En las áreas marcadas de azul se puede estacionar un máximo de dos horas y en las naranjas no existe límite.

En cualquier caso hay que comprar un tique en las máquinas expendedoras cercanas. La mejor opción es el parking de la Puerta Vieja de Bisagra, junto a la Puerta Nueva y las escaleras mecánicas que suben al casco viejo. O en el Parking Indigo (Corralillo San Miguel, s/n), junto al Alcázar.

▍Trenes

Renfe Toledo
✉ Paseo de la Rosa, s/n.
☎ 912 320 320.
🖥 www.renfe.com.
Con una frecuencia de 10 viajes por cada sentido, se puede llegar a Toledo en los trenes Ave desde la madrileña estación de Atocha en 36 minutos.
Tren turístico
Es un tren turístico que recorre los lugares más emblemáticos de la ciudad. El recorrido dura 45 minutos y parte de la cuesta de Carlos V, frente al Alcázar, para terminar en la plaza de Zocodover. También recorridos nocturnos los fines de semana. Información y reservas para grupos:
☎ 625 301 890.
🖥 https://trainvision.es

TOLEDO

**Oficina Municipal
de Turismo**
✉ Estación del AVE. Paseo de la Rosa, s/n.
☎ 925 239 121.

**Oficina de Turismo
de Casas
Consistoriales**
✉ Pza. del Ayuntamiento, s/n.
☎ 925 254 030.
🌐 https://turismo.
toledo.es

**Oficina Regional
de Turismo Puerta de
Bisagra**
✉ Paseo de Merchán,
s/n.
☎ 925 211 005.
🌐 www.turismocastilla
lamancha.es

**Oficina Provincial
de Turismo**
✉ Subida de la Granja,
s/n.
☎ 925 248 232.
🌐 www.diputoledo.es

Pulsera de Toledo
✉ Arco del Palacio, 3.
☎ 925 951 200.
🌐 toledomonumental.
com
▱ Precio: 12 €.
Permite el acceso a siete de los principales monumentos de la ciudad (Real Colegio de Doncellas Nobles, iglesia de los Jesuitas, San Juan de los Reyes, mezquita del Cristo de la Luz, Santo Tomé, Iglesia del Salvador y sinagoga de Santa María la Blanca).

del **Corpus Christi,** declarada de interés turístico. Presidida por las autoridades del Gobierno y por el arzobispo de Toledo, esta procesión sale en Toledo desde hace ocho siglos. Todo es admirable en el cortejo procesional toledano, pero llaman la atención especialmente: la cruz que inicia el desfile religioso, de plata y oro, del siglo XVI, regalo de Alfonso V el Africano; los infanzones de Illescas, con sus hábitos rojos; los caballeros mozárabes, con hábito azul; los caballeros del Santo Sepulcro, de blanco, y los embajadores que integran el capítulo hispanoamericano de caballeros del Corpus Christi, con hábitos verdes. La Santa Faz y Caridad, hermandad más antigua de Toledo, que asistía a los ajusticiados, data del siglo XI. También destaca la cruz del cardenal Mendoza, que se ostentó en la conquista de Granada, cuando aquella ciudad fue arrebatada a los árabes. El superhumeral con que se cubre el prelado oficiante está cuajado de esmeraldas y piedras preciosas, procedentes de los anillos pastorales de los prelados que han regido la archidiócesis de Toledo.

Pero lo más esperado y que justifica todo este esplendor barroco es el Santísimo Sacramento encerrado en el viril de la famosa custodia de Arfe; un prodigio de arte cincelado en 200 kilos de oro y plata, sobre un trono que arrastran seis costaleros y en medio de una nube de incienso y del devoto silencio que cubre su paso.

Las calles están cubiertas con viejos toldos procedentes de los antiguos gremios de tejedores y de sederías de la ciudad, que estaban obligados a costearlos. El suelo está cubierto de tomillo, mejorana y otras hierbas campestres. Este día se celebra una tradicional corrida de toros. Durante las fiestas, que duran toda la semana, se celebran festejos populares de teatro, música o verbenas.

En **Camuñas, Danzantes y Pecados, Corpus Christi,** fiesta declarada de Interés Turístico Nacional. En esta especie de auto sacramental callejero, la Gracia libera del mal a cada una de las Virtudes (o danzantes) en una hermosa danza final llamada "del cordón"; durante la procesión, los Pecados llevan a cabo frenéticas carreras para ir a postrarse a los pies del Cristo Crucificado, quitándose ante él la careta. Las dos cofradías están integradas exclusivamente por hombres y no se mezclan en ningún momento de la fiesta. Durante la misa que precede a la procesión, los Pecados permanecen fuera del templo, emitiendo extraños ruidos y rascando la tierra con sus varas en momentos culminantes, como el de la Consagración. Una música machacona acompaña el paso de la Custodia por las calles engalanadas.

En **Yepes, Jornadas calderonianas,** declaradas de Interés Turístico.

Julio

El día 15 en **Puebla de Montalbán, Fiestas del Santísimo Cristo de la Caridad.** Durante esta mañana se celebra uno de los más tradicionales encierros de la comarca, en el que se reparte aguardiente entre los asistentes para que cobren valor a la hora de enfrentarse a los astados. Por la noche, se traslada la imagen del Cristo a la ermita en un ambiente de gran devoción. Verbenas, bailes, fuegos artificiales y gigantes y cabezudos.

Agosto

Del 14 al 20 de agosto en **Toledo** capital, **Nuestra Señora la Virgen del Sagrario,** celebrada por Calderón en una de sus comedias. Corridas de toros y festejos populares. Es costumbre típica y popular, después de la función religiosa en honor a Nuestra Señora del Sagrario, beber agua en unos botijos instalados en los claustros de la catedral para implorar la protección de la Virgen.

En **Escalona, Fiestas de San Roque** los días 15 y 16, con bailes populares. Entre sus tradiciones está la de **La guerrilla,** cuya implantación data del cerco que sufrieron los residentes por los almohades en el siglo XII.

El día 18 en **Esquivias, Virgen de la Leche,** con corridas de novillos, fuegos artificiales y el festival Quijorock.

Del 15 al 18, **Consuegra medieval,** una recreación de la batalla de 1097 contra los almorávides en la que murió el hijo del Cid.

En **Orgaz,** día 21, el **Santísimo Cristo del Olvido.** Fuegos artificiales, verbenas, conciertos y espectáculos taurinos. Compañía de alabarderos y típico "juego de la bandera".

Entre el 24 y el 27 en **Toledo** capital, **Nuestro Padre Jesús Nazareno** se celebra con corridas de novillos, bailes, gigantes y cabezudos, conciertos, carrera de bicis, cucañas y elevación de globos.

En torno al 25 en **Santa Cruz de la Zarza,** Santísima Virgen del Rosario. Procesión en la que la imagen va en una carroza iluminada. Concurso de arada, con surcos desde más de 5 km en línea recta hacia la torre donde está la patrona. Corridas de toros, bailes populares y fuegos artificiales.

I Información turística

OCAÑA
✉ Plaza Mayor, 6.
☎ 925 120 891.
🌐 www.ocana.es

CONSUEGRA
✉ Molino Bolero (Cerro Calderico).
☎ 925 475 731.
🌐 www.consuegra.es

ORGAZ
✉ Calle de la Floq, 5.
☎ 925 317 685.
🌐 http://ayto-orgaz.es

OROPESA
✉ Hospital, 25.
☎ 925 430 201.
🌐 www.oropesa detoledo.es
🌐 www.turismo oropesatoledo.es

TALAVERA DE LA REINA
✉ Ronda del Cañillo, 22.
☎ 925 826 322.
🌐 https://turismo talavera.com

EL TOBOSO
✉ Daoíz y Velarde, 3.
☎ 925 568 226.
🌐 https://eltoboso.es

LOS YÉBENES
✉ Talavera, s/n (Teatro Auditorio).
☎ 925 322 512.
🌐 https://turismo. losyebenes.es

❙ Septiembre

En **Illescas, Fiestas de Nuestra Señora de la Caridad.** Durante los primeros días de septiembre se celebran encierros y becerradas, así como desfile de gigantes y cabezudos, concierto y fuegos artificiales. El día 30 de agosto se reza la solemne Novena y Salve a la Virgen, a la que se ofrendan flores; el 31 de agosto, se baja la imagen de su trono, instalándola en la carroza para la procesión. Y el último fin de semana del mes, la **Fiesta de la sementera,** de origen ganadero.

El día 1 en **Torrijos, San Gil Abad,** con fuegos artificiales, bailes y solemne procesión.

En **Guadamur, Santísima Virgen de la Natividad** y del **Santísimo Cristo de la Piedad** (los días 8 y 14 respectivamente), con fervorosa y tradicional procesión y típico baile de "bandera". Jota y seguidillas de aire manchego. También corrida de novillos.

En **Consuegra,** día 8, **Virgen de la Blanca,** con bailes y danzas característicos, como la jota manchega y rondeña. Solemne procesión, corridas de toros y bailes populares.

En **Bargas,** el día 21, **Santísimo Cristo de la Sala,** procesión con asistencia de las bargueñas con sus vestidos típicos y tradicionales joyas. Estas fiestas, de extraordinario sabor costumbrista, gozan de gran renombre en la provincia. Es de destacar el ferial que se asienta en un típico barrio denominado Las Eras, que constituye un pueblo árabe dentro del mismo Bargas. Declarada de Interés Turístico Regional.

❙ Octubre

En **Lagartera,** el primer domingo de octubre, **Nuestra Señora del Rosario,** tradicionales fiestas con danzas regionales y trajes típicos. Pintoresca subasta de los banzos (andas sobre las que marcha la imagen de la Virgen).

En **Consuegra,** último fin de semana del mes, **Fiesta de la Rosa del Azafrán y Molienda de la Paz,** declarada de interés turístico. Exaltación de la fiesta en un típico alfar de la localidad, pregón a cargo de una ilustre personalidad de las letras españolas. A continuación se celebra el acto de la Monda de la Rosa en presencia de todas las personalidades. Actuación de coros y danzas. Misa de campaña en Crestería Manchega, junto a los molinos y castillo que se alzan sobre el cerro Calderico. Típica comida manchega, festival taurino y visita a las bodegas.

Índice de lugares